女孩的第一本实用礼仪书 ②

日常礼仪细节全书

杨扬 ◎ 著

中国纺织出版社

内 容 提 要

一个注重礼仪修养的女孩知道如何把自己真善美的一面展现出来,知道如何给自己的形象加分,知道如何让自己成为一个知书达"礼"的女孩!

本书是针对年轻女孩的一本礼仪指导书,详细阐述了女孩生活工作中的一些实用礼仪,让女孩找到点缀自己的精灵,提升自己的礼仪修养,使自己成为人群中的亮点!

图书在版编目(CIP)数据

女孩的第一本实用礼仪书.2,日常礼仪细节全书 / 杨扬著.--北京:中国纺织出版社,2018.1
ISBN 978-7-5180-4626-3

Ⅰ.①女… Ⅱ.①杨… Ⅲ.①女性—礼仪—通俗读物 Ⅳ.①K891.26-49

中国版本图书馆CIP数据核字(2018)第014748号

责任编辑:闫 星 特约编辑:李 杨 责任印制:储志伟

中国纺织出版社出版发行
地址:北京市朝阳区百子湾东里A407号楼 邮政编码:100124
销售电话:010—67004422 传真:010—87155801
http://www.c-textilep.com
E-mail:faxing@c-textilep.com
中国纺织出版社天猫旗舰店
官方微博http://weibo.com/2119887771
三河市延风印装有限公司印刷 各地新华书店经销
2018年8月第1版第1次印刷
开本:710×1000 1/16 印张:13
字数:200千字 定价:36.80元

女孩不仅仅需要外表的光鲜艳丽，更需要内在的涵养气质。礼仪就是女孩内涵的外在表现，女孩真正的魅力就在于其言行举止是否得体大方。那些外表漂亮的女孩，如果不注意培养自己的礼仪修养，就像没有经过雕琢的玉，即便是块珍宝，也有遗憾。女孩要想拥有无尽的魅力，就必须深谙礼仪之道，这样才能使自己的魅力在黑夜里绽放出夺目的光芒。

无论在什么场合，礼仪都能让女孩产生一种形象美，让人眼前一亮。当然，女孩的外延要建立在内涵的基础上，内涵就是指的一个人的道德品质和学识修养。其实，内涵和外在这二者并不冲突，具有高尚的道德情操和高素质的女孩一般也很注重礼仪修养。毕竟良好的气质不是一朝一夕能形成的，也不是只靠礼仪知识学习得来的。外在包装固然重要，可是充盈的内在才是女孩达到真、善、美的首要前提。

女孩的礼仪是指在社会交往活动中形成的行为规范与准则，具体表现为礼貌、礼节、仪表等方面。具体来说，女孩的礼仪修养表现在立、行、坐、语言、着装、家庭、社交等各个方面。良好的礼仪修养是女孩立于世的基础，也是初出茅庐的女孩处理人际关系的重要砝码。在不同的场合，女孩要学会角色转换，运用不同的礼仪去面对，要得体适度，符合自己的身份，也要符合交际对象的身份。

女孩在不同的场合，扮演不同的角色，交往的技巧、心态都要发生变化。要做到适度，适度指的是你说话的用词、表情、语气恰到好处。同时女孩要注意细节问题，很多细节上的礼仪是决定女孩形象好坏的关键。例如，一个不雅的吃饭姿势会让对方对你的印象大打折扣；一个不适合严肃场所的配饰会让你在众人面前的形象不伦不类。

有礼仪的女孩腹有诗书，一言一语让人回味无穷，一举一动尽显气质和涵养，因为这样的女孩知书达"礼"。可以说，礼仪就是点缀女孩的精灵，即使是黑夜，女孩也能尽显自己的光芒。

编著者

2017 年 6 月

目录

第 01 章　仪容仪表，妆点青春更美丽 / 001

别偷懒，日常护肤很重要 / 002

女孩的美丽是"妆"出来的 / 005

女孩，请管理好自己的体重 / 007

女孩的完美形象"穿"出来 / 010

闻香识芳香女孩 / 012

第 02 章　举止礼仪，修炼气质变淑女 / 015

端正坐姿，自然大方有美感 / 016

亭亭玉立的站姿 / 019

不疾不缓，走出动态美 / 021

搭乘电梯，请注意细节 / 025

小小手势，大大礼仪 / 027

第 03 章　仪态礼仪，由内而外显优雅 / 031

好性格的女孩人见人爱 / 032

不做刁蛮公主，要做潇洒小姐 / 035

可以撒娇，拒绝过分腻歪 / 038

淡定从容，做安静的美人 / 041

富于情趣，有自己的兴趣爱好 / 043

第 04 章　个人礼仪，小节之处见精神 / 047

如何保持口气清新 / 048

咳嗽、打喷嚏礼仪 / 050

吐痰、擤鼻涕的基本礼仪 / 052

洗手间里也要讲究礼仪 / 054

女孩修炼良好气质的 10 个步骤 / 056

第 05 章　沟通礼仪，得体语言会说话 / 061

女孩说话的礼仪修养 / 062

女孩话说得真诚，才更动听 / 065

善于倾听是一种美德 / 067

女孩，别带着情绪说话 / 071

赞美他人是一种语言修养 / 073

第 06 章　用餐礼仪，饭前饭后有内涵 / 077

宴请之道，不仅仅吃饭那么简单 / 078

常用的中餐礼仪 / 081

优雅从容的西餐礼仪 / 084

参加正式宴会的基本礼仪 / 087

女孩在酒桌上的礼仪 / 089

第 07 章　信件礼仪，落落大方好知性 / 093

传统书信的礼仪 / 094

书信的礼貌用词汇总 / 097

如何写好邀请函 / 100

电子邮件的发送礼仪 / 102

电子邮件的回复礼仪 / 106

第 08 章　电话礼仪，如沐春风展魅力 / 109

电话沟通，也有要遵守的程序 / 110

巧妙问候，令人耳目一新 / 112

注重细节，尽显电话的礼仪之态 / 114

电话接通后，不妨先寒暄几句 / 117

电话提问礼仪，引导话题走向 / 119

第 09 章　待客做客，面面俱到蕙质兰心 / 123

精心准备，让对方宾至如归 / 124

迎送礼让，展现主人热情 / 126

热情相待才是你的待客之道 / 129

女孩要深谙拜访之礼 / 131

做客礼仪，礼数周到文明客 / 134

第 10 章　公共礼仪，彬彬有礼惹人赞 / 137

不可不知的手机礼仪 / 138

乘车礼仪，注意上下车细节 / 141

住酒店礼仪，不做没素质的游客 / 144

旅游观光礼仪常识 / 147

出席舞会，礼仪知多少 / 149

女孩要懂得婚丧嫁娶的礼仪 / 151

第 11 章　面试礼仪，求职应聘好印象 / 155

别让肢体语言摧毁你的面试 / 156

等待面试时的礼仪规范 / 159

注意细节，给面试官留下好印象 / 161

面试过程中的基本礼仪 / 163

女孩面试时的礼仪禁忌 / 166

第 12 章　社交礼仪，初次见面多关照 / 169

女孩不能忽视的社交礼仪 / 170

弯身行礼，以示恭敬 / 172

当众自我介绍，令人印象深刻 / 174

轻松自然地介绍他人 / 177

女孩的第一本实用礼仪书 2：日常礼仪细节全书

记住朋友微不足道的小事 / 179

第 13 章　家庭礼仪，亲切随和乖乖女 / 183

百善孝为先，尊敬父母 / 184

跨越代沟，与父母平和沟通 / 188

如何与继父继母相处 / 190

尊重异父或异母的孩子 / 192

尊重父母关于择偶的意见 / 194

请别再对父母发脾气了 / 195

参考文献 / 198

第 01 章
仪容仪表，妆点青春更美丽

　　仪容仪表对女孩来说是尤其重要的，通过化妆修饰、发式造型、着装佩饰等手段，弥补和掩盖在容貌、形体等方面的不足，可以体现女孩美丽、端庄、大方的独特气质，是女孩在工作生活中展现魅力的适当途径。

别偷懒，日常护肤很重要

　　每个女孩都渴望拥有娇嫩白皙的肌肤，即便是不施粉黛依然如朝霞映雪。女孩给人的第一印象就是那张脸，这时候你的面部肌肤会在很大程度上影响你的个人魅力。纵然你有着婀娜多姿的身段、时尚新潮的装束，但脸上却是处处"斑点"，甚至眼角处还隐隐显露出鱼尾纹，这无疑会让人倒足胃口。女孩爱美是天性，特别是对于自己明晰可见的肌肤更是宝贝得不得了。因为对每一个女孩来说，她们的"面子"都很重要。相信每一个女孩都会或多或少有一些护肤心得，护肤是女性永远的话题，皮肤暗黄、干燥、长斑是所有女孩的心头之恨。而有的女孩正是靠着正确的"护肤"方法才打造出自己那"白里透红、吹弹可破、滑腻似酥"的冰肌玉肤。因此，做一个有魅力的女孩，首先得把自己的"面子工程"做足了，掌握一些护肤方法，才能打造自己完美的外在形象。

　　护肤在现代社会逐渐成为一门学问，对女孩来说，护肤包括多方面、多角度的内容，它包括肌肤的保湿、美白、抗衰老等，还包括解决皮肤的一系列问题，如祛痘、祛斑。下面我们就简单地介绍一些高安全性、有效性的护肤方法，希望对那些正被皮肤问题所困扰的女性朋友有所帮助。

　　1. 洁面

　　洁面也就是我们经常所说的洗脸，也许很多女孩会觉得洗脸有什么可

学的，每个人都会洗脸。但是，如果你洗脸的步骤和方法不对，那么也会对你的肌肤造成大的伤害。很多女孩正是因为不讲究正确的洗脸方法，所以面部肌肤越来越粗糙，越来越没有光泽。其实，洗脸也是一门学问，下面介绍正确洗脸的步骤。

（1）用温水润湿脸部

洗脸所选用的水温是十分重要的。有的女孩比较懒，直接对着水龙头就开始洗脸；还有的女孩觉得要去掉脸上的油垢，就用很热的水来洗脸。这些都是极其错误的观点，正确的方法是用温水洗脸。因为温水能够保证毛孔充分张开，还能保证皮肤的天然保湿油不会过分丢失。

（2）使用适合自己的洁面乳

要使用适合自己的洁面乳，这主要是依据女孩的肤质原则，而且尽可能地选择那些刺激性较小、天然的温和性洁面乳。无论女孩用什么样的洁面乳，所用的量都不宜过多，面积有五分硬币大小即可。当你向脸上涂抹之前，一定要先把洁面乳在手心充分打起泡沫，这是很重要的一步，泡沫越多越好。如果洁面乳没有足够多的泡沫，不但达不到清洁皮肤的目的，还会残留在毛孔里引起青春痘。

把泡沫抹在脸上以后要轻轻地按摩，不要太用力，以免产生皱纹，大概按摩15下即可。之后，用温水清洗掉脸上的洁面乳，用湿润的毛巾轻轻地在脸上按，清洗完毕之后还需要对着镜子检查脸上是否有残留的洁面乳。

（3）用冷水撩洗脸部

用双手捧起冷水撩洗面部约20下，同时用蘸了凉水的毛巾轻敷脸部。这样做可以收紧毛孔，同时还能促进血液循环。这样就完成了整个洗脸的过程，但是每天千万不要频繁地洗脸，因为会使皮肤变得干燥。这种一丝不苟的洗脸方法很有效果，如防皱、美白，但是需要长时间坚持才有效果。

2. 保湿

保湿就是滋润角质层，皮肤充盈后使细纹淡化。其实，仅仅使用一些保湿产品是不能做好保湿工作的，还需要你每天补充足够的水分，身体缺水皮肤也会变得干燥。除此之外，还需要多吃水果，才能够使你的皮肤变得水盈盈的。当你选择了适合自己肤质的保湿品，你的肌肤就会变得异常滋润，这就是水油平衡的结果。干性皮肤以及在冬天时应选用含油的保湿剂；油性皮肤以及夏天时应该选用没有油分的补水产品。

如果是经常在外工作的女性朋友，更需要在意肌肤的保湿工作，除了使用高效保湿的护肤品外，可以每天准备一个小水壶，随时随地补充身体的水分。

3. 美白

女孩在实施自己的美白计划的时候，最好不要使用化妆品来达到美白的效果，可以吃一些有美白效果的食物。美丽总是由内而外的，饮食也是美白链条中不可或缺的一环。你可以在平时的生活中多吃一些富含维他命C、蛋白质、矿物质、维他命 A 的蔬菜、水果，如柠檬、醋、酸奶、银耳等。

除此之外，你还可以使用一些纯天然的美白"护肤品"。用蛋清去死皮，把蛋清涂在皮肤上，可以溶掉死皮，等蛋清干后就用温水清洗，死皮便脱去，使人容光焕发；乳酪洁肤霜，　把一匙乳酪与一匙柠檬汁混合后涂在脸上，用热水洗净，然后搽上紧肤水及润肤品，肌肤便会洁白无瑕。另外，你还需要注意做好防晒工作，即便是在阴天出门，也要擦防晒霜。

🤝 礼仪小贴士

如果你能按照以上这些护肤方法去呵护自己的肌肤，那么不久之后，你就会容光焕发地站在镜子面前而不敢相信自己的眼睛。实际上，这个世界上真的有魔法，只需要你长久地坚持下去，就一定能铸造自己完美的肌肤。

女孩的美丽是"妆"出来的

女孩的美丽是"妆"出来的，并不是所有的女孩都天生丽质，绝大多数女孩的五官或多或少都有一些瑕疵，有可能是皮肤暗黄，也有可能是眼睛不够大。当我们在为自己不够完美的容颜而懊恼的时候，你是否发现已经有了一种称为"魔法"的奇迹，那就是"化妆"。

化妆作为一门"美"的艺术，已经越来越受到女性朋友的喜欢。女孩适当地化妆，不仅可以展现自己的美丽，还是对别人的一种尊重。如果你是"上班族"，工作越忙乱，你的脸色可能就越差，就越需要通过化妆来修饰自己，你的老板和客户会为你的工作成果埋单，却不会为你的坏脸色埋单；如果最近加班没完没了，未来没有方向，再赶上失恋，心情糟透了。其实心情越糟越要"妆"，漂亮的妆容会让你保持心情愉悦，远离烦恼；如果你和男朋友恋爱多年了，觉得在他面前没有必要化妆了，其实不然，爱情也是有保鲜期的。你是一个充满个性的女孩，那么你的美丽也是靠"妆"出来。但化妆不是信手涂鸦，你不能想怎么化就怎么化，化妆是一门艺术，如何"妆"出自己的美丽，又能化出天衣无缝的妆容呢？

1. 化妆重在扬长避短，突出自己的闪光点

化妆应掌握的一条重要原则就是让你比较美的部分掩饰不足的部分。你在化妆的时候，只注意掩饰五官的缺点是不够的，重要的是突出自己的优点。有的女孩对着镜子总是盯着自己面部的不足之处，化妆的时候也是如此。她可能嫌自己的蒜头鼻子很难看，于是一味地加影；为了掩饰自己的方下颏，阴影涂得特别多，别人从侧面看上去脏乎乎的，造成的结果就是欲盖弥彰。事实上，每个人都有自己的特点，与其遮遮掩掩、弄巧成拙，还不如着意美化一下自己比较满意的部位，这样也可以转移别人的视线。

2. 突出自己的闪光点

女孩在化妆的时候，要避开自己不满意的部位，更多地突出自己的闪光点，如你的大眼睛、长睫毛、挺直小巧的鼻梁，你脸部的缺陷就不显得那么突出了。

3. 不要盲目地化妆

无论化什么样的妆都要讲究色调统一、颜色和谐适中，就是说化妆要自然，切忌颜色繁杂。如果一张脸上同时有玫瑰红、朱红、橙红等颜色，那样看起来就如同化妆品的展示台，胡乱堆砌是不会有好的效果的，反而会贻笑大方。也不要在原有妆容的基础上涂新的化妆品，这样不仅会让原来的妆色失去光泽，还会对皮肤造成伤害。盲目地动用化妆手段和化妆品，往往会弄巧成拙。如果你的皮肤滋润、白嫩，在化妆的时候，就不必涂底色，更不要浓妆艳抹，只需要稍微抹一些护肤品，就能使皮肤细白的优点显露出来。假如你勉强涂上一层底色，反而会把你皮肤的本色掩盖掉。

4. 要注意光线和妆色的关系

化妆的时候，光线与妆色有十分密切的关系。例如，如果你在室内白炽灯下化妆，你就无法判断化妆的颜色是否会太深，因为白炽灯的橘红色会冲淡红色的视觉效果。因此，一些女孩在白炽灯下化妆因为看不清颜色的浓淡，一般都会显得妆色偏深，在日光下一看，就觉得像一张关公脸。所以，如果你是出门，那么最好在自然光下化妆，如果你在灯光下化妆，颜色也应该偏淡一些。如果你是晚上去参加某个聚会，那么你就要在灯光下化妆，假如你在自然光下化妆，颜色就应该偏深些。化妆时，光线要直接照在脸上，不要在侧光或阴影处化妆。同时，还要照顾到脸的侧脸、眉毛、眼睛、唇形等从侧面看上去至少也要漂亮才行。

5. 卸妆让肌肤回归最佳状态

晚上回到家，一定要把妆容清洗干净。因为你的面部承受恶劣化妆品

一整天的覆盖，又加上空气污染、电脑辐射、空调环境的折磨，以及身体所分泌的汗水、油脂的混合污染，肌肤就会变得又脏又疲惫。而夜晚正是肌肤新陈代谢最活跃的时期，这时候，如果毛孔受到化妆品或其他污垢的阻塞，就会妨碍新陈代谢的进行。只有完全卸妆清洁后，肌肤的吸收能力才能提升到最佳状态。所以，你下班回家的第一件事，就是将脸上的妆彻底卸掉，还原清丽透明的肌肤本色，让它痛快地呼吸。

当然，对每一个女孩来说，最高明的化妆是生命的化妆。如果你相貌平平，看起来并不出众，但可以通过生命的化妆让你变得有气质。一个人的长相虽然难以改变，但是举止形态和文化素养的可塑性却是很大的，你可以在平时的生活中博览群书，通过提高自己的内在气质来契合外表的美丽。一个美丽、举止文雅、气度不凡、充满睿智女人，才是一位堪称绝色的美人。

礼仪小贴士

每个女孩的美丽都是独一无二的，化妆并不是为了与别人攀比，而是让自己变得更加美丽，从而走出自卑的阴影，散发出更多的自信。所以，只要每个女孩善于去学习，善于去尝试，你就是美丽的缔造者，就能够创造出属于自己的独特美丽。

女孩，请管理好自己的体重

现在越来越多的女孩会认同这样一个道理：你的体形就代表着你的修养。也许，你刚开始听到这句话的时候，觉得有点骇人听闻，但仔细一想就会发现这话确实很有道理。远有"闻香识女人"，同样的道理，一个女

孩的体形也能折射出她的修养、品位。体重的保持与控制在一定程度上是一个女孩修养的体现，试想，如果一个女孩连自己的体重都无法控制，她就不能有效地控制和管理自己的生活以及工作；如果她连自己的体重都无法保持，她也不能做出其他成就。所以，一个内外兼修、有修养的女孩，首先她的身材就是有修养的，这可以说明她能够管理好自己的身体。

女孩完全可以通过锻炼来塑造自己的形体美，减去赘肉，让自己变得更加骨感。"有修养的女孩不长胖"，很多女孩也许会认为这样的话有点偏激，但是在现实生活中，确实很多时候都是把一个人的外观和其成就相联系的。当你听说王小姐非常睿智精干，我想你一定不会把她想成一位"体态臃肿""步履蹒跚"的胖姑娘。在很多时候，人们衡量一个人的标准就是这样，在他们看来：一个体形肥胖、满身赘肉的人并不是工作上的能手。人们往往会把一个胖子想象成好吃懒做、不懂得节制的人。因此，作为一个女孩，拥有一个健康、完美的身材，才能够体现出你优雅的气质、超群的魅力。

小李是化妆品公司的销售总监，为了维持自己良好的外在形象，她特别注重保持和控制自己的体重。从大学开始她就买了一个小型体重秤，几乎每周都会称一次体重，以保持好身材。

她专门为自己定做了有着均衡营养却又不会导致身体发胖的膳食菜单，即便在外面就餐，她也会饭前先喝一碗汤，一直坚持每顿只吃七分饱，即使看见自己最喜欢吃的菜肴，她也能克制住自己。所以，当她看见很多女同事为了抢那剩下的菜肴，常常不顾形象互相争夺，她就微笑着摇头。平时的她，并不像很多女孩子一样偏爱零食，倒是经常在冰箱里摆满水果、牛奶，还有一些绿色蔬菜。工作休息之余，她还会在家里练练瑜伽、做做运动，公司放长假的时候，她会约上几个朋友一起出去爬山、徒步旅行。在她看来，好身材并不只是苗条，还需要健康。

小李做销售总监已经两年了，每次与客户见面都会受到赞美，而公司总经理也一直把她当作自己公司的"形象代言人"。

其实，很多女孩肥胖的原因就在于自己没有自制力，她们在自己喜好的食物面前完全没有力气去抵抗。食物对她们而言，就是致命的吸引力，她们总是关心着哪些食物好吃，哪里又新开了一家餐馆。当她们在镜子里看见自己全身的赘肉时，才意识到自己的身材已经完全走了样。

1. 追求积极的生活

有的女孩会习惯于上进，无论是生活还是工作，她们都力求更高的层次。所以，当她们在遇到困难或者挫折的时候，不会像很多女孩那样企图以食物来抚慰自己心里的创伤，她们更愿意去寻找解决问题的办法。

2. 善于打理自己的生活

女孩，善于打理自己的生活，每天都会把自己的生活安排得满满的，而不是无聊地想吃东西。她们会在休息时出去走走，或者洗个热水澡，或者听听自己喜欢的音乐，或者给朋友打个电话，或者看一本才出的新书，或者练练瑜伽。她们只有饿的时候才会想到吃东西，所以她们能够保持好身材。

3. 懂得控制自己的情绪

女孩要懂得控制自己的情绪，当发现自己还有一些事情没有妥善地处理好，她不会绝望，也不会为了发泄郁闷的情绪而暴饮暴食。她们相信事情总会有解决的办法，但如果狂吃食物则会导致自己的体重超标，进而影响自己的自信与美丽。女孩，总是善于调节自己过于悲伤或过于兴奋的情绪，在逐渐的释放中学会平衡，最终成为真正健康的女性。

🤝 礼仪小贴士

每个女孩都梦想着能够拥有魔鬼般的身材，这是她们蜕变的途径。甚

至有的女孩会认为，自己拥有傲人的身材比拥有漂亮的脸蛋更有魅力。也许你不能改变自己那并不算漂亮的脸蛋，但却可以锻炼出健美的身材。

女孩的完美形象"穿"出来

漂亮女孩往往懂得穿衣打扮，完美形象是"穿"出来的。也许你并没有漂亮的容颜，但你依然有美丽的权利，你可以通过适合自己的打扮来使平庸的自己变得更加有魅力。其中，穿衣就是最重要的部分之一，穿出属于自己的美，不仅可以增添你的自信，也会使你的气质变得高雅。一个女孩再漂亮，如果她不修边幅、不懂穿衣的学问，那么她比那些不漂亮的女孩还要显得平庸。俗话说："人靠衣装，佛靠金装。"这里说的就是服饰给女孩带来的美丽，女孩不仅要懂得穿衣的学问，更要会"穿"衣服。换句话说，女孩要选择合适自己的衣服，大方得体才是女孩的魅力所在。

"女为悦己者容"，女孩穿衣打扮不光是为了自己，更希望能在心仪的男士面前有所不同。于是，在很多女孩眼里，似乎衣服料子越少才越能展现自己傲人的身材与性感的魅力。其实，并不是这样，对大多数男士来说，女性的穿衣打扮在很大程度上会显露其本性。对一些穿着暴露的女性，也许男士会用欣赏的目光来注视你，但绝不会对你产生尊重的态度。所以，女孩在穿衣上需要坚持大方得体的原则，而不是为了追求另类、时尚，更不是为了追求所谓的"性感"。

小艾刚刚大学毕业，她是一位时尚达人，无论穿衣还是打扮都走在潮流的最前端。前些天，她向一家颇具影响力的公司投了简历。过了一个星期，那家公司打电话通知她去面试。

为了显示出自己的独特魅力，她在自己的装扮花了一番工夫。她上身

穿着极具时尚元素的露背装，下身是时下最流行的超短裙，另外，还特意戴了在大学里买的叮当作响的手镯，所选择的耳环也是十分夸张的银环。当这样装扮的她出现在公司的时候，几位面试官面面相觑，有位距离她最近的面试官突然用手挥散空气，原来他已经闻到了刺鼻浓烈的香水味。

面试官只是简单地问了几个问题，就让小艾离开了。小艾感到不解，在卫生间里正好碰到一位一起面试的伙伴。那位穿着得体的女子告诉小艾："你来公司面试，是不可以穿成这样的，如果你穿着去参加舞会，倒是个不错的选择。"

小艾大胆而性感的装扮在她看来，是最美丽，也是最时尚的。但是，这样的装扮却不被面试官所认可，主要就在于她的穿着不够得体，不符合面试这样严肃的场合。看着她这样打扮自己，面试官是无法相信其工作能力的，更加无法认同她这个人。

女孩要想学会大方得体的穿衣打扮，就必须深谙一些服饰礼仪。你的穿衣打扮必须要考虑什么场合、什么时间。在工作场合需要身着工作装或职业套装，在社交场合需要穿正装，在约会、休闲场合需要穿休闲装，在家里需要穿宽松舒适的服饰，参加葬礼时则需要穿深色、灰色的衣服。总而言之，只有得体大方的穿着，才能真正体现出自己的气质，才能在社交生活中游刃有余。这就需要女孩在穿衣的时候掌握以下几个原则。

1. 整体原则

女孩所选择的服饰必须是符合自己的身材、肤色、年龄的，这样才能够起到修饰形体、容貌等作用，从而形成一种和谐的整体美。除了你自身的一些因素外，还需要考虑到服饰的款式、色彩、质地、工艺等因素，这样才能达到整体完美的效果。

2. TPO 原则

这里的 TPO 原则是目前国际上公认的衣着标准，只有遵循了这个原则，

女孩的穿衣才是合乎礼仪的。T 即是 Time 的缩写，泛指早晚、季节、时代等；P 即是 Place 的缩写，代表着地方、场所、位置、职位；O 即是 Object 的缩写，代表目的、目标、对象。

3. 个性原则

女孩的穿衣必须是具备一定个性的，你要依据自己的性格、年龄、身材、职业等因素来选择适合自己的服饰，这样才能体现你的个性特征。当然，选择什么样的服饰都是因人而异，最重要的是能够展现出自己美的地方，显现独特的个性魅力。如今，服饰选择的个性化趋势越来越强烈。

4. 整洁原则

在任何情况下，女孩都应该保持自己服饰的整洁度。穿衣不在于你穿得有多贵，有多时尚，而在于你所穿的服饰是否整洁。在你的服饰上，不能沾有污渍，不能有掉线的地方，更不能有破洞。另外，还需要注意扣子等佩饰是否整齐，并注意衣领和袖口处的整洁度。

礼仪小贴士

女孩在穿衣上的学问首先就是选择合适自己的，所遵循的原则就是大方得体。你所选择的服饰必须能够凸显个人气质、风格，还需要显现出女孩特有的味道。女孩要善于根据自己的职业、环境、年龄、肤色来选择恰当的服饰，客观地对待流行，不能盲目地追逐潮流。

闻香识芳香女孩

女人和香水的关系就如同男人和酒的关系，香水和每一个女孩都是分不开的。无论你是性感的明星还是田间的妇人，只要是女性，都逃脱不了

香水的诱惑。著名影星玛丽莲·梦露有一句名言"夏奈尔5号是女人睡觉时'穿'的香水"，当一个女孩浑身沐浴在香水的味道中，就如同为自己穿上了一件美丽而令人遐想的衣服。对每一个爱美的女孩来说，那幽远淡香就是最致命的诱惑。自古有"闻香识女人，煮酒论英雄"之说，女孩钟情于香水，是源于女性的爱美之心。美国时尚专家贝克·雅各布曾说：女孩可以不漂亮，但不可以不美丽，生为女孩，没有谁可以气馁，更不能轻言放弃，美是我们作为女人一生的使命，因此，女孩对香水永远不能说不。香水，对女孩来说有如此强烈的体验，那是因为香水的味道本来就属于女人。

男人在酒巷子里不知归路，如痴如醉；女孩也在香水的世界里找不到自己，美丽让她们忘记了自己。

台湾流传着这样一个有趣的故事：

当著名作家倪匡初次拜访琼瑶的时候，热情的琼瑶招呼："你大驾光临，什么才能好好招待你呢？"一向幽默的倪匡说："产自法国，世界上最名贵的一种液体。"琼瑶立即走进房间，然后带出一瓶香水，对着空气喷了一下，说："请闻一下吧，这就是最贵的法国液体——香水！"只剩下倪匡在那里哭笑不得，难道不是法国的白兰地吗？

女人钟情香水，是因为她们坚信自己是女人中的女人，爱香水就像爱自己的身体一样。或者，我们可以说香水的浪漫色彩已经成为女人灵魂的一部分。香水的魔力，在于它将女人的娇羞、自信、野性全部锁在了清淡、浓艳、妩媚、妖冶的清香之中。当一种神秘而缠绵的香味袭来，就可能会唤起你久远而深刻的记忆，那些逝去的美好一如香水的味道，只滞留在灵魂的最深处。

香水在诞生之初，就开始渗透女人的灵魂，并为女人所利用和服务。夏奈尔曾经这样介绍她的香水："您该把香水抹在想让情人亲吻的地方"；

戴安娜曾用鲜花的香气来克服娇羞，增强自信与魅力；纪梵希香水是奉献给"千般宠爱于一身的女人"；保罗·伯恩自杀时，将情人好莱坞明星琼·哈洛最喜欢的娇兰香水浇在自己身上，诀别信中只写着"我爱你"。

1. 正确使用香水

女孩只有学会正确地使用香水，才能使自己变得魅惑而迷人。首先将香水分别喷于左、右手腕静脉处，双手中指及无名指轻触对应手腕静脉处，随后轻触双耳后侧、后颈部；轻拢头发，并于发尾处停留稍久；双手手腕轻触相对应的手肘内侧；使用喷雾器将香水喷于腰部左、右两侧，左、右手指分别轻触腰部喷香水处，然后用沾有香水的手指轻触大腿内侧、左右腿膝盖内侧、脚踝内侧。

注意擦香过程中所有轻触动作都不应有摩擦，否则香料中的有机成分可能会发生化学反应，破坏香水的原味。

2. 香水使用的忌讳

香水不宜过浓或洒得太多，也不要喷洒在容易被太阳晒到的身体部位，可能会引起化学反应而导致出现皮肤炎症或点状黑斑；不宜直接擦在脸上以及过敏性皮肤上；不宜直接喷洒在皮肤上，会引起皮肤过敏；不宜涂在额上、腋下和鞋内等易出汗的部位，会将香水冲淡，出现汗味与香味混合之后的怪异气味；两种不同的香水不要混在一起使用，混合之后的香味已经丧失了香水本身的纯味，而且闻起来也不舒服。

礼仪小贴士

作为一个有品位的女孩，更应该有一款自己的香水。魅惑而不妖冶，幽香而不浓烈，淡雅而不俗气，让从你身边匆匆经过或者停留的人都能感受到你想要表达的一切。香水的美妙并不是瞬间的流逝，而是悠远的长存。

第 02 章
举止礼仪，修炼气质变淑女

　　女孩的举止是自身素养在生活和行为方面的反映，是反映现代人涵养的一面镜子。正确而有礼的举止，可以使人显得有教养，给人以美好的印象；反之，则显得粗俗失礼。女孩想要给人留下美好而深刻的印象，外在美固然重要，优雅的举止则更让人喜爱。

端正坐姿，自然大方有美感

站有站相，坐有坐相，坐如钟，即女孩坐相要像钟那样端正稳重。正确优美的坐姿，会给人以文雅稳重、自然大方的美感。坐姿，能体现一个人的形态美，又能体现一个人的行为美；反之，那些不良的坐姿不但容易使多余的脂肪在人体中间地段堆积，造成"游泳圈"，也非常影响整体气质。女孩应该记住，坐是一门大学问，注重细节礼仪，从坐下那一刻，便让自己有与众不同的感觉。

良好的坐姿会向他人传递自信、友好、热情的信息，同时也会表现出自己良好的修养。也许，在我们身边，经常看见有的人两腿叉开，腿在地上抖个不停，还把腿翘得很高，这样不雅的坐姿实在让人不敢恭维。普通的坐姿应该是：在站立的姿态上，后退能够碰到椅子，再轻轻地落座，双膝并拢，腿可以放在中间或者两边。在一些公开的场合，最好不要翘腿，如果是穿裙子的女孩则需要小心盖住自己的腿。

小娜有一个不太好的习惯：一旦到了大场面，坐下就开始抖脚，而且，越抖越厉害，用朋友的话说，如果在桌子上放一杯水，只要她一抖脚，5分钟不到，杯子里一滴水都不会剩下。小娜想改掉这个毛病，可总是不见效果，一旦到了紧张的时候，她还是照做不误。

那天，小娜去面试，负责面试的是公司的财务总监，一开始对小娜特

别客气，热情地接待她，还给她倒水。小娜一坐下，老毛病就犯了，总监觉得小娜总是在动，刚开始没怎么注意，仔细一看才发现小娜在抖脚，当时就一皱眉。他想小娜一会儿可能会停下来，强忍着自己不去看，继续面试。可眼睛老是注意到小娜的脚，终于，总监受不了，他暂停了面试，出去喝了杯水，回来一看，小娜还在那里我行我素地抖脚。

总监生气了，直言不讳地要求小娜拿着自己的东西离开。

或许，到最后总监也不明白看上去很正常的小娜为什么一坐下就会抖脚，这其中的秘密就需要心理专家给我们解释了。心理学家认为，那些坐下就不断地抖动腿部的人，其内心焦躁不安，或许显得很不耐烦。当然，有的人是为了摆脱某种紧张感才会如此的，如小娜就是这种情况。在生活中，如果与你并排而坐的人无意识或有意识地挪动身体，那表示他想与你保持一定的距离，但又不好意思做出明显的举动。

女孩入座时要轻、稳、缓。走到座位前，转身后轻稳地坐下。若是裙装，应用手将裙子稍稍拢一下，不要坐下后再拉拽衣裙，那样很不优雅。正式场合一般从椅子的左边入座，离座时也要从椅子左边离开，这是一种礼貌。女孩入座尤要娴雅、文静、柔美。如果椅子位置不合适，需要挪动椅子的位置，应当先把椅子移至欲就座处，然后入座。同时神态从容自如，嘴唇微闭，下颌微收，面容平和自然；双肩平正放松，两臂自然弯曲放在腿上，亦可放在椅子或是沙发扶手上，以自然得体为宜，掌心向下；坐在椅子上，要立腰、挺胸、上体自然挺直；双膝自然并拢，双腿正放或侧放，双脚并拢或交叠或呈小"V"字形；坐在椅子上，应至少坐满椅子的2/3，宽座沙发则至少坐1/2。落座后至少10分钟左右时间不要靠椅背。时间久了，可轻靠椅背；谈话时应根据交谈者方位，将上体双膝侧转向交谈者，上身仍保持挺直，不要出现自卑、恭维、讨好的姿态。讲究礼仪要尊重别人但不能失去自尊；离座时要自然、稳当，

右脚向后收半步，而后站起。

关于坐姿的礼仪，女孩需要记住以下几种。

1. 标准式坐姿

标准式坐姿被称为第一坐姿，这个姿势适合刚刚与客人见面，即我们平时所说的入座式。女孩在入座时，抬头收颌，挺胸收肩，两臂自然弯曲，两手交叉叠放在偏左腿或是偏右腿的地方，并靠近小腹。两膝并拢，小腿垂直于地面，两脚尖朝正前方。着裙装的女孩在入座时要用双手将裙摆内拢，以防坐出皱纹或因裙子打折而使腿部裸露过多。

2. 前伸式坐姿

这个坐姿适合与交谈方面对面坐着。女孩要在标准坐姿的基础上，两小腿向前伸出一脚的距离，脚尖不要翘起。前身可略向前倾，表示对对方的尊敬。

3. 屈直式坐姿

在入座时右脚前伸，左小腿屈回，大腿靠紧，两脚前脚掌着地，并在一条直线上。

4. 后点式坐姿

入座时两小腿后屈，脚尖着地，双膝并拢。

5. 侧点式坐姿

两小腿向左斜出，两膝并拢，右脚跟靠拢左脚内侧，右脚掌着地，左脚尖着地，头和身躯向左斜。注意大腿小腿要呈 90 度的直角，小腿要充分伸直，尽量显示小腿长度。

6. 侧挂式坐姿

在侧点式的基础上，左小腿后屈，脚绷直，脚掌内侧着地，右脚提起，用脚面贴住左踝，膝和小腿并拢，上身右转。

7. 重叠式坐姿

重叠式坐姿我们通常会说成二郎腿，长期此坐姿容易造成腰椎与胸椎压力分布不均，引起原因不明的腰痛，甚至静脉曲张等疾病。所以此坐姿建议少用。在标准式坐姿的基础上，腿向前，一条腿提起，腿窝落在另一腿的膝关节上。要注意上边的腿向里收，贴住另一腿，脚尖向下收起。

礼仪小贴士

女孩需要特别注意，穿裙子时坐下之后一定要并拢双腿，切忌双腿乱动乱颤，也别胡乱挪动椅子，如果真有需要也要站起来搬动，别吱吱扭扭地坐着搬，不要太过前倾，给人一种不自在的感觉。

亭亭玉立的站姿

有人说："站姿是性格的一面镜子。"这话一点儿不假，俗话说："站有站相。"站姿，不仅塑造好的形态，对我们的健康也很重要。良好的站姿能够彰显一个人的气质与风度，一般来说，站姿的基本要求是挺直、舒展、线条优美、精神焕发。一个人普通的站姿应该是：把身体的重心放在一条腿上，另一条腿则微屈，两肩放平，腰板挺直。如果你是站着等人，还需要注意来人的方向。需要避免的站姿：两脚分开太大；交叉两腿站立；两肩不平衡，一个高一个低；两只脚在地上不停地划弧线；交腿斜靠在马路旁的栏杆、招牌上；和朋友勾肩搭背地站着。

一身职业装的王小姐进入电梯，趁着只有她一个人的时候，放松了身体，靠着墙壁站立着。一直以来，她都严格要求自己，如此放松的姿态不

太常见。原来，她正处于失意期，一个星期之前所拟定的企划案被客户否定了。老板已经下了最后通牒："再不将企划案做好，我看你今年的年终奖无望了。"王小姐叹了口气，拖着疲惫的身体进入了办公室。

标准的站立姿势要求抬头、挺胸、收腹、下颌微收；两肩平齐，双臂自然下垂，双腿靠拢，脚尖张开约 60° 角。站立姿势要正，可以稍微弯腰，切忌身体歪斜，两腿分开距离过大，或倚墙靠住、手扶椅背等不雅与失礼的姿态。

若是站着与人交谈，双手或下垂或叠放于下腹部，右手放在左手上，不可双臂交叉，更不能双手叉腰，或将手插在裤袋里，或下意识地做小动作。不过可以随谈话内容适当做些手势加以辅助说明。

1.V 字形站姿

抬头、挺胸、收腹、提臀、下颌微微内收，颈部挺直，双肩放松，两手放在肚脐处呈交叉式放置或者两手并拢，手指中指紧贴裤缝，整个身体呈军姿站立。腰部自然挺直，双肩放松，呼吸自然匀称。双腿脚后跟并拢，脚尖分开呈 60° 左右，两腿需微用力，军训时、升国旗仪式时、正式场合时需要此种站姿。

2. 丁字步站姿

通常情况下左脚在前、右脚在后，左脚的脚后跟放于右脚的脚窝处，两脚呈丁字形站立，抬头、挺胸、收腹、提臀、下颌微微内收，颈部挺直，双肩放松，两手放在肚脐处呈交叉式放置。腰部自然挺直，双肩放松，呼吸自然匀称。

3. 双脚摆放动作

在站立时，可保持三种脚位姿势：两脚前后直立式，即前脚后跟紧靠后脚脚心弯曲部分直立；两脚平行直立式，即两脚后跟紧贴，脚尖向外呈"八"字站立；两脚前后分腿站立式，前脚朝前迈半步，脚尖朝前或稍往

外撇，前脚后跟与后脚后脚跟在同一条竖线上，后脚脚尖平行朝外站立，重心最好落在前脚上。

4. 手势摆放

平行侧放，女孩可将双手侧放在两腿外侧，手掌平伸，中指指尖紧贴裤缝中线最适合两脚平行直立式脚位；腹前交叉，一手平抚前腹，另一手轻握该手手腕部分，两手可以交换位置，此时脚位最好是双脚前后直立式或平行直立式两种；胸前相握，两手胸前扣握，左右手均可在上；万福式，两手相扣或两手相抚，放于身体一侧，形似古人道万福状。哪只脚在前，则将手放于哪一侧，肘部上抬，两手扣或两手相抚保持平面。

5. 站姿的禁忌

女孩站立时，切忌东倒西歪，无精打采，懒散地依靠在墙上、桌子上；不要低着头、歪着脖子、含胸、断间驼背；不要将身体的重心明显地移到一侧，只用一条腿支撑着身体；不要下意识地做小动作，如腿不由自主地抖动，用手摆弄头发、手帕、打火机、笔等；在正式场合，不要将手插在裤袋里面，切忌双手交叉抱在胸前，或是双手叉腰。

礼仪小贴士

站姿是规范的，不过要避免僵直硬化，肌肉不能太紧张，可以适宜地变换姿态，追求动感美。不论站立时摆何种姿势，只有脚的姿势和角度在变，手的位置在变，而身体则应保持正直。

不疾不缓，走出动态美

一个人的走姿是站姿的延续动作，与站姿不同的是，走姿有着行走的

动态美。走路的正确姿势：抬头、挺胸、收腹，腰背笔直，眼睛平视前方，双臂自然下垂，掌心向内，以身体为中心前后摆动。需要保持步履轻盈，端庄文雅，显示出动态美来。

当然，在现实生活中，我们需要注意几种特别的走姿：走楼梯的时候，需要走专门指定的楼梯；不要在楼梯上停留太久；坚持"右上右下"原则；注意礼让别人，不要和他人抢道。当需要进他人的房间时，要轻轻叩门或按铃；开关房门，最好是反手关门、开门；谨记"后进后出"，和别人一起进门或出门的时候，要请对方先进门、先出门。

李小姐是一个走路稳健的人，从来都是一步一个脚印，她常对朋友说："做事就要跟走路一样，来不得半点马虎，必须稳打稳扎，一步一个脚印。你想，若是显得很急躁，难保不会出错，如本来只是一件小事情，但你非要快速地奔跑，结果，在狭窄的楼梯间与人相撞了吧，闯祸了吧，所以，凡事要稳。"

她平时走路的时候很专心，不左顾右盼，而是仔细看前面的路。这跟她的个性很相像，她很注重现实和实际，在事业上小有成就。对任何事情，她都是三思而后行，不莽撞，不唐突，从来不好高骛远。对每一份工作，她都能脚踏实地，一步一个脚印地努力。她身上有"君子一言，驷马难追"的魄力。

女孩的走姿礼仪，以腰带动脚，重心移动，以腰部为中心；颈要直，双目平视，下颌向内缩，面带微笑；上半身保持正直，腰部后收，两脚平行；膝盖伸直，脚跟自然抬起，两膝盖互相碰触；有节奏地走路，肩膀放松，手指并拢。这样就可以保持优美的姿态，并时刻洋溢着青春的魅力。

1. 直线步姿

女孩行走时应昂首挺胸，收腹直腰，两眼平视，肩平不摇，双臂自然

前后摆动，脚尖微向外或向正前伸出，行走时脚跟成一直线。行走迈步时，脚尖应向着正前方，脚跟先落地，脚掌紧跟落地。走路时要挺胸收腹，两臂自然摆动，节奏快慢适当，给人一种轻快、从容不迫的动态美。

2. 舞台步姿

舞台步姿如模特的走姿，给人一种强化其肢体的美感，大幅度的两手摆放干净利落，具有鲜明节奏感的脚步，给人留下充满朝气、体态轻盈之感。

3. 注意步度和步位

如果步度和步位不合标准，那全身摆动的姿态就失去了协调的节奏，失去了自身的步韵。步度，就是行走时两脚之间的距离，步度的通常标准是一脚踢出落地后，脚跟离另一只脚脚尖的距离恰好等于自己的脚长；步位，是脚落地时应放置的位置，走路时膝盖和脚腕都要富于弹性，肩膀应自然、轻松地摆动，使自己走在一定的韵律中，显得自然优美。

4. 走姿禁忌

走姿最忌内八字和外八字；弯腰驼背，歪肩晃臀，头部前伸；摆臀，左顾右盼；走路时膝盖和脚踝都应轻松自如，以免显得僵硬、脚蹭地面、上下颤动；边走路边指指点点，对别人评头论足。走路时，应自然地摆动手臂，幅度不可太大，前后摆动的幅度约45°，切忌做左右式的摆动；步度与呼吸应配合成规律的节奏，穿礼服、裙子或旗袍时步度要轻盈优美，不可跨大步。若穿长裤步度可稍大些，这样会显得生动些，但最大步也不可超过脚长的1.6倍。

5. 不同场合的走姿

如果两个人一起行走，行走的规则是以右为尊，以前为尊。例如，和客户或上司一同行走的时候，就应该站在他们的左侧，以示尊重；一位男士和一位女士同行，那么就应该遵照男左女右的原则；三人同行，如果都是男性或都是女性，那么以中间的位置为尊，右边次之，然后是

左边。

室外行走，应该请受尊重的人走在马路的里侧。如果道路比较拥挤狭窄，应该注意观察周围的情形，照顾好同行的人。同时要保持良好的仪态，不能因为在户外就左顾右盼、四处张望或是推推搡搡、拉拉扯扯，不论多么熟悉的同事和客户，在大庭广众之下也应该保持职业人士的端庄仪态。如果人群拥挤，不小心碰到他人、踩到他人或绊倒他人，要及时道歉，并给予必要的帮助。如果别人无意识地碰到自己或妨碍到自己，应小心提醒并予以体谅。

道路上行走，不能三人以上并排，这样会妨碍其他的行人和车辆通行，同时也是不安全的做法。到达电梯口、车门口或房门口时，若一个人行走，要靠右侧，将左侧留给急行的人，乘坐滚梯时也是这样。其实如果留心，可以看到很多大型超市的滚梯都用黄线做出了明显的标志，示意行人乘梯靠右侧站立，把左侧留给急行的人。这也是突发意外时的一个应急通道，可以让救援人员快速通过。但非常遗憾的是，现在仍然可以看到人们三三两两并排站立在扶梯上的现象，即便后边的人急得跺脚搓手，前面的人仍是悠然自得地并排聊天。

礼仪小贴士

女孩走路时自然而又均匀地向前迈进，这样的走路姿态不疾不缓，给人如沐春风的感觉，可谓仪态万千。注意轻盈快捷，快抬脚、迈小步、轻落地，使人感觉如同轻柔的春风，妙不可言。

搭乘电梯，请注意细节

乘坐电梯时井然有序的场面不仅可以节省大家的时间，保证电梯的正常运行通常，而且还能体现一个人的道德素质。

别看乘坐电梯是一件很平常的事情，其间需要注意的小细节挺多。比如，如果在电梯中遇到上司怎么办？在电梯行进中，聊什么话题较好？如果需要你接待客户，怎么引导他坐电梯？

1. 先下后上

乘坐电梯应遵照先下后上的顺序。乘坐电梯应先让电梯内的人出来之后方可进入，争先恐后是极为失礼的，也会延长上、下电梯的时间，给他人带来不便。另外，电梯门口处如有很多人在等候，切勿挤在一起或挡住电梯门口，以免妨碍电梯内的人走出。

2. 电梯运行时

女孩进入电梯时应走到尽头角落处，别担心按不到楼键，这时只需要轻声请别人帮忙即可。假如电梯里只有你和朋友，那可以随便聊天。假如电梯里有很多人，那一定要少说话，毕竟每个人都可以听见你说的话，话题太广泛不行，太私人也不好，而且电梯因狭小的空间导致人与人之间距离非常近，说话举止都需要特别注意。

3. 出电梯时

许多女孩不太懂出电梯时的礼仪，往往给自己和别人带来不便。假如你是最后一个挤进电梯，面向电梯门30秒钟之后，有人要出电梯了。这时你应该一面拦着电梯门，或者按一下"开门"键，一面不出电梯门，腾出空间让后面的人走出来，然后再回到原位。若电梯里挤满了人，那就没有女士优先了，离门口最近的人要先出电梯。

4. 遇到熟人

假如乘坐电梯遇到熟人，千万别尝试着逃避，应跟平时一样保持镇定，保持端庄的站姿。称呼他的职务或者问好，只要全程保持微笑就行了。

5. 注意进电梯的次序

若你陪同客户或长辈来到电梯，应先按电梯呼梯按钮。若轿厢到达、厅门打开时，客人不止一人，自己可先行进入电梯，一手按住"开门"按钮，另一手拦住电梯门，礼貌地说"请进"，请客户或长辈进入电梯。假如与上司一起乘坐电梯，应先按电梯呼梯按钮，请上司先行进入。

6. 站姿

在电梯里，尽量站成"凹"字形，挪出空间，以便让后进入者有地方可站。在前面的人应站到边上，如有必要应先出去再进来，以方便后面的人下电梯。

7. 别浪费时间

电梯到达时，熟人之间也不要在电梯口太过客气、你推我让，以致耽搁乘坐电梯的时间，引起其他乘客不满。

8. 商场、地铁电梯

乘坐商场、地铁里的自动扶梯（滚梯）时，应该靠右侧站立，把左边的通道留给有急事的人。留心不要把钥匙等小物品掉到自动扶梯的缝隙里面，否则容易损坏自动扶梯。女孩还要小心裙子下摆不要绞入其中。不要逆着自动扶梯运行方向上、下扶梯，这样不仅不安全，也给别人造成了不便。

礼仪小贴士

电梯空间较小，因此进入电梯后不要大声交谈、喧哗，更不能乱丢垃圾。如果与同乘电梯的人不相识，目光最好放在楼层显示数字上，不要四

处张望或盯在某一个人身上。一般正面应朝向电梯口，以免造成与陌生人面对面的尴尬。

小小手势，大大礼仪

在日常交际中，说话是一项必不可少的任务，而伴随着一个人说话的还有一系列手势。手势，就是指用手指、手掌、手臂的活动来表达情感、传递信息。通常情况下，人们在说话时都会附带一些手势，一方面可以强调和解释语言所传达的信息，另一方面可以使讲话的内容更丰富、形象、生动。对此，有人说："手势是口语表达的第二语言。"尽管手势语是肢体语言的重要组成部分，但女孩们常常会忽略手势礼仪，常常因为一个小动作而失礼，暴露出自己礼仪修养的不足。

星期天，小娜与朋友丽丽约在了咖啡厅。小娜很想跟丽丽谈谈自己最近烦恼的事情，希望能从丽丽那里寻求到一点安慰。

刚见面，小娜的眼睛就红了，她开始哭诉自己的遭遇，而丽丽用一只手撑着脸颊，呆呆地望着小娜。小娜并没有注意到丽丽的这一动作，每当说到自己的遭遇很惨的时候，小娜都会习惯性地说："你说我倒霉不？"丽丽则会配合性地点点头，不过，那撑着脸颊的一只手却一直没放下来。

小娜每次抬头看丽丽，发现她都是那样的动作，她猛然想起了自己昨天看过的一本书——《身体姿势透露他的潜意识》，书里介绍如果有人以这样的姿势对着你，那表示对方无法专心听你讲话，只希望你快点结束话题，或者轮到他发言。在很多时候，他也并不是真的有什么话要说，只是觉得你的话很烦而已。

在那瞬间，小娜回忆起之前每次找丽丽说话的时候，她都是这样的姿

势，小娜有些不好意思地说："我说完了，最近你怎么样？你说说你自己吧。"果然，小娜刚说完，丽丽就将手放了下来，开始兴奋地谈起了最近的一次约会。

在和朋友谈心事的时候，应该专心认真倾听，用一只手撑着脸颊，那表示他是一个没有冲劲的人，他或许根本没仔细听你说话，只期待你早点把那烦人的话题结束掉，然后他开始谈论自己的事情，而这样的手势是不太礼貌的。

常见的手势符号在不同国家、地区的含义也是不一样的，如竖大拇指在我国的意思是"好""了不起"等，有赞赏、夸奖的意思；在希腊，拇指上伸表示"够了"，拇指下伸表示"厌恶""坏蛋"；在美国、英国和澳大利亚等，拇指上伸表示"好""不错"，若拇指左、右伸则大多是向司机示意搭车方向。

举食指的含义在大部分国家表示数字"一"，在法国表示"请求提问"，在新加坡表示"最重要"，在澳大利亚则表示"请再来一杯啤酒"；"V"形手势的含义表示胜利，不过这时需要手心向外，若手掌向内，就是贬低人、侮辱人，在希腊即便手心向外，如手臂伸直，也对人有不恭之嫌；"OK"手势在大部分国家表示"零"或"三"，在美国、英国表示"赞同""了不起"，在法国表示"零"或"没有"，在日本表示"懂了"，在泰国表示"没问题""请便"，在韩国、缅甸表示"金钱"，在印度表示"正确""不错"，在突尼斯表示"傻瓜"，在巴西表示侮辱男人，引诱女人。

1. 横摆式

当女孩迎接客人时常做"请进""请"的横摆式。这时右手从腹前抬起向右横摆到身体的右前方。腕关节低于肘关节，站成右丁字步，或双腿并拢，左手自然下垂或背在身后。头部和上身微向伸出手的一侧倾斜，双眼目视客人，面带微笑，表示出对客人的尊重、欢迎。

2. 直臂式

有时女孩向客人指引方向时需要做"请往前走"的手势，这时将右手由前抬到与肩同高的位置，前臂伸直，手指向客人要去的方向。在指引方向时，不可用一手指指出，显得特别不礼貌。

3. 斜臂式

请客人入座需要做"请坐"的手势，手势应摆向座位的方向，手要先从身体的一侧抬起，到高于腰部后，再向下摆去，使大小臂成一斜线。

4. 曲臂式

当一只手拿东西，同时做出"请"的姿势时，手从身体的右侧前方，由下向上抬起，至上臂离开身体45°的高度，以肘关节为轴，手臂由体侧向体前的左侧摆动，距离身体20厘米处停住，掌心向上，手指尖指向左方，头部随客人由右方转向左方，面带微笑。

5. 双臂横摆式

将双手由前抬起到腹部再向两侧摆到身体的侧前方，这时面向客人。指向前进方向一侧的臂应抬高一些，伸直一些，另一手稍低一些，曲一些。若站在客人的侧面，则两手从体前抬起，同时向一侧摆动，两臂之间保持一定距离。运用手势时还要注意与眼神、步伐、礼节相配合，使客人感觉到这是一种热忱服务。

6. 递接物品时的手势

递送物品时，以双手为宜，不方便双手并用时，也要采用右手，以左手递物被视为失礼之举。递给对方的物品，以直接交到对方手中为好，若双方相距太远，应主动走近接物者。若将带尖、带刃或其他易伤人的物品递给对方时，切勿将尖、刃直接指向对方，合乎礼仪的做法是使其朝向自己，或是朝向他处。

接取物品时，应目视对方，而不要只顾注视物品；一定要用双手或右

手，绝不能单用左手；必要时应起身而立，主动走近对方；当对方递过物品时，再以手前去接取，切勿急不可待地直接从对方手中抢取物品。

7.手势禁忌

女孩切忌指手画脚、双臂环抱、双手抱头、摆弄手指、手势放任等不规范的手势。

礼仪小贴士

对女孩而言，标准手势应当是手掌自然伸直，掌心向内向上，手指并拢，拇指自然稍微分开，手腕伸直，使手与小臂成一直线，肘关节自然弯曲，大、小臂的弯曲以 130° 或 140° 为宜。掌心向斜上方，手掌与地面呈 45°。

第 03 章
仪态礼仪，由内而外显优雅

　　仪态美是指人的仪表，姿态所显示出来的外在美。生活中，有的女孩仪态万千，就是由内而外散发出来的优雅仪态。对年轻女孩来说，提升气质的最佳途径莫过于修炼完美的仪态。

好性格的女孩人见人爱

在文章《带着父亲出门》里，父亲说："年轻时不知道自己想要的是什么，等到成熟之后，才知道女人的好性情在婚姻中非常重要……"本来，父亲的初恋情人是一个江南水乡的温柔女孩，后来为了事业的发展，父亲娶了一位好妻子、爱唠叨的"母亲"，两人在吵闹中度过了大半辈子。当然，离婚是不可能的，因为除了没有好性格外，她是一个好妻子、好母亲，于是，年老的父亲只好找个机会与儿子一起出门。

或许，当你看到这篇文章的时候，也会感觉心惊肉跳。好性格对女孩来说是如此的重要。女孩的魅力，除了青春靓丽的外表外，更需要有深层次的东西，那就是性格和修养，而这其中最重要的就是一个女孩的好性格，因为一个人的性格往往影响着其命运。对每一个女孩来说，性格是左右其命运的重要因素和神秘力量，好性格将会带给女孩美满的婚姻、顺利的事业以及幸福的生活，可以毫不客气地说，好性格是女孩幸福一生的积极推动力。在生活中，好性格的女孩好似碧波，令人爱怜。

阿华从来都不是一个好性格的女人，她常常没有理由地发脾气，把一肚子无名火发在老公身上。虽然好脾气的老公并不会说什么，但每次半夜都能听到老公那深深的叹息，听着那遗憾的声音，阿华心里一凉，同时，也意识到自己的性格确实太坏。

闲来无事，她想到了一个好性格的闺蜜。闺蜜的家里的情况与自己是相反的，她们家常常是老公在外面受了满肚子的气回来一股脑儿发在无辜的她身上，可这位闺蜜从来不多言、不多语。阿华刚开始听说这件事情，心中就觉得这不可能，她还"以小人之心度君子之腹"，猜想闺蜜常常憋着一肚子的委屈，肯定会生闷气。按常理说，经常生闷气的女人一般都很显老，可闺蜜却是几个好朋友中最显年轻的一个，这说明阿华的猜测是没有任何根据的。

想到这里，阿华悟出了一个道理：好性格的女人应该是快乐的，老公生气之后会对她关怀备至，如此看来，女人的好性格不但是老公的福气，也是自己的福气。

看到这个故事笔者想到与朋友聊天的时候，说到当年的女同学，发现那些男同学对最漂亮、最能干的女孩评价都不高，而对那些相貌一般但性格好的女孩却念念不忘。如此看来，男人，尤其是进入围城的男人，都对好性格的女人情有独钟。所以，如果你的性格并不怎么好，那么，请为了你自己，改一改坏性格，让自己变成一个好性格的女孩吧！

Sophie Tucken 曾说："女人从出生到 18 岁需要好的家庭；18 ～ 25 岁需要好的容貌；25 ～ 55 岁需要好的个性；55 岁以后需要好多钞票。"在一个女人漫长而美好的一生中，最需要的就是好性格。一个好性格的女孩，会在纷繁复杂的人际交往中寻得自己的一片自由天地，她能在复杂的人际关系中应付自如、游刃有余。因为对于一个女孩来说，要想在交际圈里占据有利位置，依靠的并不是外在的美貌，而是好性格。女孩应该清楚，自己终会随着岁月的流逝而衰老，终有那么一天，你会不再美丽，这时，你所能依靠的就是自己的好性格了。

敏敏从 9 岁开始，虽然大部分的时间都没在父母身边，但 9 岁之前是一直在父母身边的，听得最多的就是父母的争吵。在这样的家庭环境中长

大的孩子，性格多少有些缺陷，敏敏就缺乏安全感、多疑、自卑。虽然，她知道自己不是好性格的女人，但发脾气的时候，还是控制不住自己。

婚后，敏敏经常与老公吵架。昨天，又和老公吵架了，敏敏将自己煎中药的药罐子摔了，药也扔了。吵完了大家都累了，平静之后，老公给敏敏倒了一杯水，他说："不管怎么吵，陪伴你的是我，最后等你老了，陪伴在你身边的人还是我。"敏敏想找自己的手机，可找了半天也没找到，她突然觉得自己的性格是需要改变一下，可改变一个人的性格并不是那么容易。以前，敏敏养花养鱼，本来这是用来陶冶情操的，但一到生气的时候，花也摧残了，鱼也摔死了。

现在，敏敏也不知道自己该怎么办，如果任由自己的坏性格发展下去，那么，迟早有一天，幸福会被自己亲手毁掉。

敏敏的坏性格，不仅伤害了身边那些关心她的人，同时也伤害了她自己。有这样一句话："聪明女人修得是一个看不见的自己，花期是谁都有的，但果却不是人人都能结的。"如果一个女孩能够蕙质兰心、灵动达理、明眸善睐，那么她无疑是一个魅力非凡的女孩，这样的女孩一定会赢得幸福，惹人怜爱。而能她具有如此魅力、获得如此成功，最关键的一点就是她的好性格。

1. 好性格的女孩人缘更好

在现实生活中，我们发现那些最受欢迎的女孩并不是漂亮的女孩，也不是能干的女孩，而是好性格的女孩。这是因为，只有拥有比较好的性格，才能与人建立融洽的关系；反之，那些野蛮、娇气、不讲道理的女孩是难以与人相处的，她们也无法得到他人的垂怜。

2. 完善自己的性格

事实上，每个女孩的性格都是天生的，各不相同。虽然，天生的性格难以改变，但也可以通过后天的培养来逐步完善。性格贯穿着女孩的一生，

影响着女孩的思考、处世方式，好的性格培养了女孩人生中所需要的理想、信念、兴趣和能力，能为女孩指引前进的方向。

礼仪小贴士

女孩的性格并不是天生就完美的，而是需要后天的不断培养，而培养性格的主动权不在命运的手中，而是在女孩自己的心中。试着做一个如碧波般好性格的女孩吧，如此，你才能享尽一生的宠爱。

不做刁蛮公主，要做潇洒小姐

在生活中，优雅大方、为人称赞应该是每个女孩一生中的崇高境界，而优雅、大方均来自良好的性格修养。有人说："女人就像孩子，刁蛮任性。"对此，美国心理学家威廉·科克做了解释："任性是一种心理需求的表现。女性重视两性关系，最害怕被抛弃。她们的轻吟薄怒、花拳秀腿、刁蛮任性，不过是缘于对爱的渴求，是想引起对方的注意，渴望丈夫的呵护与宠爱，试探自己在对方心目中的地位和分量。"

阿琳是一个任性的女孩，曾因工作上的问题与上司吵架，最后让上司公开道歉而名噪公司。这种性格的女孩，身边的家人、朋友都会称受不了。闺蜜还半开玩笑地说："赶快来一个凶猛的男人，将你收了去，看你还怎么刁蛮霸道？"阿琳大声喝道："谁敢来收我？"怒目圆睁，活生生一只"母老虎"。

没过多久，阿琳还真的就掉入了"爱情"的陷阱中，变得跟温顺的小绵羊似的。但好景不长，不到3个月，她就露出了本来面目。有次和男友吵架，阿琳竟然抢过正在点烟的男友的打火机，一下子打燃了火准备烧被

子，这可吓坏了男友。稍不顺心，她就玩失踪、关手机，反正让男友着急，却找不到她这个人。不仅如此，男友的 QQ 密码、MSN 密码什么的，全在她掌控中。有一次，她还用男友的名义登录 QQ，嘲笑另一个朋友的相册照片拍得太难看，其实，她都不认识对方。

如此刁蛮、霸道的性格，让一向好脾气的男友也受不了了，男友果断地提出了分手。阿琳这样回忆："他是在电话里提出分手的，当时我正在外地出差，太突然了，也正因为突然，才那么难过。"从小，阿琳就是优等生，读书的时候是所有老师眼里最棒的学生，毕业后没怎么费力就进了好公司，事业上也如鱼得水，回想过去，阿琳反思："那时太骄傲了，锋芒太露，习惯了被人捧着的感觉。而他是个内向的人，不会跟我抱怨，只会不停地包容我，直到他承受不了。"和男友的分手是阿琳彻底反思的开始，她开始尝试温和地和朋友相处。

有人说："一个记忆力不好的妻子，必定有一个记忆力超强的丈夫；一个不爱清洁卫生的先生，必定有一个洁癖的太太。"那么，一个任性、刁蛮、霸道的女孩，必定有一个迁就她的男朋友。其实，在很多时候，女孩的刁蛮、霸道是男人"惯"出来的。当有一天他的忍耐力达到了极限，他就会彻底离开。对女孩来说，千万不要将刁蛮、霸道作为对付男人的杀手锏。女孩要恰当地拿捏住撒娇的技巧和对方的心理承受能力，要弄清楚哪些是比较安全的区域，哪些是最好躲避的区域。

阿霞是个心地善良的女人，对任何人都很热心，可是经常热心过了头，喜欢为别人做主。刚开始，大家因为她是个热心肠的人，都很愿意和她交往，可是时间长了，大家却躲着她，因为谁也不想自己的家事被别人插一杠子。在家里更是这样，丈夫很多事情也不愿意和她说，因为她总是太过自主，根本就不允许别人有不同的声音。

有一次，隔壁张姐和她丈夫商量事情："你说，小李结婚，我们该送

多少礼呢？几百比较合适呢？"听到这个，阿霞认为自己对这些比较在行，就破门而入，说："你们结婚的时候，他送了吗？送了多少？"这话把张姐和她丈夫吓了一跳，两人说小李没送，阿霞又说："那你们就意思意思得了，人家都没有送你们礼，干吗做那个冤大头？"阿霞说了一大堆，夫妻两人却不说一句话。当阿霞走后，张姐说："以后在家说话小声点，别看她让人感觉很热心，其实是个霸道的女人，什么都喜欢给别人拿主意，她丈夫在家根本做不了主，唉，以后离她远点……恰巧，这些话被刚出门的阿霞听到了，她一下子站在那里，呆住了。

"女孩"，这个原本美好的字眼，却被霸道的女孩颠覆了美好，她们不懂得尊重别人的思想和意见，总是希望周围的事情以自己的意志为转移，这样的女孩即使善良，也无法博得人们钟情的喜爱，伤害的最终也是自己。不能否认，阿霞很真诚、很热心，可是她致命的缺点就是霸道，凡事喜欢替别人做主。在她面前，别人无法平等地和她相处，久而久之，就会对她敬而远之。霸道不是女孩性格修养好的表现，久而久之，她那善良的心灵也会被人忽视。

1. 撒娇适度

在生活中，一些熟练运用任性技巧的女孩，偶尔噘着嘴说："不嘛，我就要这样。"这几许蛮横透出的娇憨可爱，会成为两人关系的调料，让异性怦然心动。但是，女孩的刁蛮、霸道并不是无所限制的，一定要把握好尺度，最好能在他人宽容的限度之内。毕竟，对于女孩的刁蛮、霸道，异性偶尔会包容，但绝不会长期纵容。

2. 别在工作上独断专行

当今社会，许多女孩喜欢以"女强人"自居，认为这是女性独立自主的表现。在工作中，她们独断专制，只注重自己的能力，看不见别人的优点，自认为这就是"魄力"。实际上，这样的女孩只会把自己架空，让自

己陷入孤立无援的境地，在工作中自然也不能轻松和谐。

3.恋爱时别想管住对方

生活中，有的女孩把男朋友 24 小时限制在自己的管辖范围内，对方没有了自己的生活空间，甚至无法呼吸，而自己俨然是一个"母老虎"，这就是典型的霸道的女孩。她们貌似替人受累，实则夺人自由和意志。霸道的女孩只会让人敬而远之，何来修养可言？

礼仪小贴士

女孩的好性格可以说是一种恒久的时尚，它是一种文化和素养的积累，是修养和知识的沉淀。温柔、善解人意的女孩或许根本算不上一个十全十美的俏佳人，但她会吸引许多人的注意，走到哪里都会很受欢迎。

可以撒娇，拒绝过分腻歪

千百年来，撒娇一直就是女孩的天性，女孩不一定要漂亮，但一定要会撒娇。有人很夸张地说："撒娇的女人可以使春风化雨，可以化腐朽为神奇，即使再彪悍粗犷的男人在撒娇的女人面前也会垂下高傲的头。"会撒娇的女孩看上去更有魅力，她们的一个娇嗔、一个媚眼，往往会使男人心旌摇曳。对女孩来说，撒娇是一种本领，也是一种技巧，会让男人觉得这个女孩很有女人味。

其实，撒娇不会只存在于恋人之间，有时候，对上司、对客户也可以撒娇。但是撒娇可以，却不宜过分腻歪，否则就失去了礼仪之美。在上司面前，可以嘟着小嘴说："老总，你看这事要怎么办""局长，我这样处理对吗"，如此的软言细语，通常会惹得上司心花怒放，而自己办起事情

来自然就顺利多了。会撒娇的女孩即使没有什么工作能力，但对同事左一个"张哥哥，帮我送一份文件去郊区嘛"，右一个"李叔叔，帮我写个材料嘛"，这种亲昵而不出格的撒娇自然会帮助女孩在职场中平步青云。当然，对上司或同事，撒娇要适当，撒娇太过会让人会错意，结果会弄得很尴尬。

王先生坐在沙发上，说道："便宜点吧，上次还到你这里买了沙发呢。"销售小姐的声音甜得腻人："呃，最低2800，不能再低啦，就是因为你上次来过了才能这么便宜的哦。"王先生叹了口气，仍做最后的挣扎："哎呀，再便宜点咯，就整数好了，2500？"销售小姐做受伤状："2500？不行啊，太低了。"王先生说道："就2500吧，我已经在你这里买了很多东西了嘛。"销售小姐的声音软到了极致，脸上也泛起了潮红："哎哟，先生，2500真的太低了，我们都入不了账的，要不这样吧，2600吧，再低实在不行了呢。"

虽说，你入不了账跟我有什么关系呢，但王先生还是忍不住点头了，一副怜香惜玉状："2600就2600吧，快点给我开单子，我还有事呢。"

面对会砍价的客户，销售小姐撒起娇了，最后，成功地将产品推销了出去。

虽说，撒娇是女人的拿手好戏，但撒娇并非在任何场合都可以使用，而且过分的撒娇会毁掉其本身的韵味。

老公最近投资失败了，老婆十分关切地问："听说公司最近投资的项目亏了，不要紧吧，到底亏损了多少呢？"老公满脸沮丧地说："三十万。"老婆有点吃惊："亏了这么多啊？"老公伤心地说："是啊，由于当时评估失误，所以亏了三十万，我也很后悔呢。"看见老公这么伤心，老婆撒娇道："没关系，人生有赢就有输，不要那么在意，说不定下一个项目就挣回来了。"在老婆的安慰下，老公心情好了很多："嗯，希望马上就能交好运。"

在这里，老婆的撒娇适时将老公从困境中拉了出来，这也是撒娇的力量。会撒娇的女孩总是特别有女人味，举手抬足之间，总会让男人为之心动。女孩会握着一双小粉拳在男人胸口轻打着说："我恨你。"这时，男人不但不会生气，还会眉开眼笑地把女人搂在怀里说："好了，好了，别生气了，都是我不好。"于是，女孩就可以小鸟依人似的伏在他怀里了，这样的情境常在恋人之间发生。

1. 脾气不能乱发

大多数女孩认为，撒娇就是将声调拉高八度，拖长尾音，其实，撒娇也是一门学问。所谓"脾气不能乱发"，娇也不可以乱撒，过分撒娇往往令人反感，反倒弄巧成拙。

2. 见好就收

俗话说："物极必反。"凡事不要做得太过，这绝对是做人做事的至理名言，而对撒娇来说，也是一样的道理。女孩在向男人撒娇的时候，无非想让他用行动或言语来重视自己，如果对方已经有所表示，那你则应该见好就收。如果执意不收，继续撒娇，不知进退，只会使男人觉得你很难服侍，同时，也会觉得你很没有修养。

礼仪小贴士

大量事实证明，会撒娇的女孩比那些腼腆内向、自视清高的女孩更能打动人心，也深得人们的喜爱。甚至，会撒娇的女孩在职场也很得意。只是女孩们在实施时需注意掌握撒娇的度，不可过分腻歪。

淡定从容，做安静的美人

有人说："女人的最佳表现是，心态要比年龄成熟 5 岁，打扮要比年龄年轻 5 岁。"简单地说，就是你的打扮可以年轻些，但你的心态切不可幼稚。女孩的打扮需要以沉静的心态与气质做底色，如此，才能从容不迫地应对生活。记得，曾有一名记者采访一位著名演员："在喧闹的人群中，你会选择什么方式引人注意？"这位演员回答说："我会选择沉静地坐着。"沉静地坐着，这种沉静所流露出来的自信、端庄、高贵是很能引人注意的，也是很有穿透力的，它足以让人们在喧闹中停下来，在拥挤的人群中多看你一眼。沉静从容，不仅仅是女孩应有的气质，更是一种为人处世的修养。

在法庭上，律师拿出了一封信向洛克菲勒问道："先生，你收到我寄给你的信了吗？你回信了吗？"洛克菲勒冷静地回答："收到了，没有回信。"这时，律师又拿出了二十几封信，逐一向洛克菲勒询问，而洛克菲勒都以同样冷静的表情、相同的语调给予了回答："收到了，没有回信。"终于，律师控制不住自己的情绪了，他变得慌乱起来，他暴跳如雷、不断咒骂，最后的结果出乎人们的意料，法庭宣布洛克菲勒胜诉，因为律师因情绪失控而让自己乱了章法。

从洛克菲勒的例子中，我们可以看出沉静从容对一个人的重要性。有人甚至这样总结法庭上的律师：令你的对手发怒，失去冷静，变得慌张，那么，你就已经开始转败为胜了。当然，自己则需要保持沉静从容的头脑，不慌张，才能将事情处理得更好。

1953 年出生的胡因梦，辅仁大学德文系肄业。她 20 岁时因出演《云深不知处》而开启了自己的演艺生涯。在经过 15 年的历练之后，她毅然决定退出演艺圈，从事"身心灵"的翻译与写作，并成为第一个把克里希

那穆提的著作引介到台湾的人，目前著有《胡言梦语》《茵梦湖》等书。

　　在她20多年的翻译过程中，她认为翻译是一种自我洗涤，每翻译出一本可以跟读者分享，她沉静从容地说道："就像做义工一样，将思想引介过来，回馈给社会，做和演艺工作截然不同的事情。"同时她认为："好的翻译不能直译，还有心灵相译的部分，然后是节奏感，翻译最重要的是韵律……"她显得很从容，做事有条有理，李敖的前妻身份曾让她备受关注，但现在的她依然备受瞩目，她凭着自己的聪慧，自己独特的追求，做了自己喜欢的事情。

　　李敖曾经说过，如果有一个新新女性，又漂亮又漂泊，又迷人又迷茫，又优游又优秀，又伤感又性感，又不可理解又不可理喻，一定不是别人，是胡因梦。经过了岁月的沉淀，胡因梦的沉静淡定显得更有魅力。

　　女人的一生，淡到极致的美丽，是沉静而从容。在胡因梦的一生中：停止演艺工作，从事文学工作，与李敖离婚。在每一件事情中，她都应付自如，将自己的人生点缀得有条有理。薛宝钗曾经这样赞叹白海棠："淡极始知花更艳，愁多焉得玉无痕。"正因为海棠花的淡雅至极，所以才显得更娇艳。而从容沉静的女人也是如此，正是超凡脱俗的一份淡然，不沾尘世的气质，所以美到了极致。

　　她形容自己是蓝色，沉静的大海的颜色，不畏风浪，在任何时候都能找到自己的方向。她的一生并不平坦，高中毕业后，她拿着大学录取通知书回家的时候，却闻知父亲因工伤过世了，她呆住了，想到因病在床的母亲和年幼的弟弟，她将那张通知书藏了起来。

　　那年，她只有16岁，独自挑起了家里的重担，照顾病重的母亲和年幼的弟弟，还要筹备父亲的葬礼。她明白，眼泪是没有任何作用的，于是，她擦干了眼泪，有条不紊地处理家中的事情。买了粮食，向亲戚借了一些钱，勉强能够办个葬礼，可她心里却暗自愧疚：父亲辛苦养家，到最后，

连一个像样的葬礼都没有。作为女儿，该是如何心疼啊。

葬礼结束后，病重的母亲才想起了高考的事，问她，她却是淡淡地回答："没收到通知，我想是没考上吧，正好留在家里帮忙。"母亲叹息一声，不再问了，她就这样沉静地安排了自己的人生。

或许是早年的经历，后来工作的她处事淡然，遇事从来不慌张，若是有了重大的事情，她只是淡淡地问："是吗？"然后，着手处理，有条有理，这使上司和同事都惊讶不已，一个弱女子在遇到事情的时候竟丝毫不慌张。上司认定，这应该是一个干大事的人，于是，越来越信任她，而她也在沉静从容中步步高升。

沉稳从容的女孩，就像一湖深绿的水，波澜不惊，岸边景色悉数映于心中，清晰可见，自己却不动声色，也不会刻意去打乱这本来的次序，即使有风儿吹乱了，石粒儿砸开了，当外界归于平静，它早就恢复了当初。沉静从容的女孩注重修身养性，静若处子，动如脱兔，当然，她们并不是一味地静静不动，当她们动起来的时候，也会有别样的沉静之美。

礼仪小贴士

现在社会竞争越来越激烈，而对女人的要求也越来越高。为了适应社会，女孩的性格也是多样化发展。但是，沉静从容的女孩依然犹如百年陈酿的诗，经久不衰，她们最受人们的青睐与欣赏。

富于情趣，有自己的兴趣爱好

女孩，要加强自身的修养。当然，一个有修养的女孩必定有着自己独特的兴趣和爱好。健康需要清水的呵护，女孩需要事业和家庭的滋润，更

需要情致的陶冶。对此，女孩更要有自己的兴趣和爱好，以此丰富自己的生活，释放自己的身心，让自己有个健康的生活方式，保持自己的兴趣和爱好，做一个性情中的女孩。如果一个女孩只知道上班、吃饭、睡觉，这三点一线的生活一定是没有颜色的、苍白的。爱因斯坦说："兴趣是最好的老师。"兴趣是一个女孩生活丰富多彩、追求人生梦想的源泉。好性格的女孩富于情趣，通常情况下，她们都保持着自己的兴趣与爱好。

生活中的女孩不能整天只知道玩，她们应该有自己喜爱的事情。如果只是为了找个有钱人嫁了，这不过是在掩饰自己的懒惰和胸无大志。其实，有的女孩本来有很好的专业素质，有自己的理想和追求，但是，均因为琐碎的事情埋没了自己的才智，从而失去了自我。实际上，从日常生活的角度来看，一个女孩的兴趣和爱好对家庭是有重要意义的。母亲的影响对一个孩子的健康成长十分重要，一个有着好的知识素养和审美情趣的女人可以与丈夫做更好的交流，而这有利于整个家庭的幸福和睦。

自从和丈夫结婚后，丽丽就在朋友的羡慕中辞职做了全职太太，然后和一般女人一样经历了怀孕、生子。她的人生似乎就应该围着丈夫和孩子转了。可是她并不开心，因为她感觉自己生活得很空虚，每天丈夫回家后，他们的话题就是孩子今天怎么样，今天吃什么。丽丽越来越觉得自己的生活很压抑，需要呼吸一下外面的新鲜空气。

有一次，她和同学聚会，对几个闺中密友说了自己的苦恼，其中一个人对她说："你真是身在福中不知福，不愁吃不愁穿的，丈夫养着，我们呢？为房子、为孩子什么时候闲过，你还说空虚！"另外一个闺蜜说："你的想法我明白，我以前也是这样的，一个人没有了生活的乐趣和追求的目标，简直生不如死，一个女人被限制在家庭中，的确很苦闷，你啊，的确应该重新去寻找生活的目标，有了兴趣，生活自然就有了意义。"其他几个闺蜜也劝说起来。听了闺蜜的话，丽丽决定出去工作，重拾自己的舞蹈事业。

从那以后，丽丽忙碌起来了，虽然忙，但她的生活开始有滋有味，她也慢慢地了解到丈夫工作的辛苦，两人似乎又回到了恋爱的时候。

生活往往就是由柴米油盐构成的单调的曲子，如何把这支曲子变得快乐起来？这就要靠女孩自己用兴趣来谱写，一个有修养的女孩的生活也绝不会单调麻木、死气沉沉。一个有修养的女孩也是一个有情致的女人，往往也是一个快乐的女孩。很难想象，一个没有自己的兴趣与爱好的女孩，会过什么样的日子，又会经营出一个什么样的家庭。

小李是一个刚毕业的女大学生，从小她就对中国的书法、国画等传统文化有浓厚的兴趣，因此她对书法很有研究，经常练书法练到痴迷的地步，也收集了很多名人的书画作品。毕业后，她被安排到一个小镇中学教语文，在她看来，自己的这份工作不仅适合自己的专业，还可以经常练练自己的书法。

有一次，省里书法协会会长来学校作演讲，当时，小李也在接待室，校长就对协会会长说："这是我们学校的小书法家，别看她年纪小，对书法还是相当有造诣的。"协会会长不大相信，认为一个 20 岁的女孩子不会有什么书法造诣，肯定是吹嘘的，可当小李的"宁静致远"落笔以后，他不禁赞叹："真不敢相信，这是一个 20 的女孩写的，笔力苍劲而沉稳，丝毫没有浮躁之嫌，看来对书法的领悟能力，真不是靠年纪来论处的，你是个天才！"当场，协会会长对小李的几个字爱不释手，他回城之后，力荐小李进入书法协会，而这恰恰满足了小李多年的心愿。

日本教育家木村久一说："天才，就是强烈的兴趣和顽强的入迷。"天才并不是与生俱来的，对小李来说，自己的成功固然少不了机遇，但她对书法的造诣真正来自强烈的兴趣下的入迷和坚持不懈的努力。兴趣与认识和情感有着密切的联系。如果一个人对某种事物没有认识，也就不会产生情感，因而也就不会对它产生兴趣；相反，认识越深刻，情感越丰富，

兴趣也就越深厚。兴趣是一个人走向事业成功的开始，有人曾总结世界上数百名诺贝尔奖获得者的成功因素，其中之一就是他们对所研究的科学事业有浓厚的兴趣。

礼仪小贴士

对一个女孩来说，兴趣就是性格修养的一个方面，也是女孩走向成功的开始。女孩不能因为生活而放弃对兴趣和理想的追求，而是需要保持自己的兴趣与爱好。兴趣，让女孩的生活变得多姿多彩，也使其性格得到一定的修炼，如此，女孩的修养也就浑然天成。

第 04 章
个人礼仪，小节之处见精神

几千年来，人们对文雅的仪风和悦人的仪态一直孜孜以求。现代社会，随着人际交往的日益频繁，人们对个人礼仪更是倍加关注。个人礼仪，细节之处显精神，言谈举止见文化。

如何保持口气清新

生活中，有口臭或口气之人比比皆是，张嘴说话，刺鼻的味道半米之外都能闻到，可本人却浑然不知。碍于面子，旁人也不好提及。口臭已经成为社交中的严重障碍。很多人受广告的影响，喜欢嚼口香糖，以遮掩口臭，但那除了锻炼面部肌肉外，无法解决口臭的根本问题。

哪些食物会造成口臭呢？

"唾液减少"是引起口臭的原因之一。因为唾液中有很多可以分解并冲走"有味细菌"的物质，如果唾液分泌减少，口腔变干燥会滋生杂菌，而产生臭味，导致口臭的发生。杂菌滋生，也容易引发牙周病，加重口臭。酒精是一种利尿剂，饮酒过多容易导致口腔、大脑和身体缺水，同时也会阻碍唾液正常分泌，一旦过量饮酒，必然会加重口臭。建议饮酒时，尽量喝点白开水。

专家表示，很多薄荷糖宣称可清新口气、消除口臭，其实弊多利少。一旦薄荷醇从口中消失，口中怪味会迅速反弹并加重。因为口臭是由一种"厌氧硫磺细菌"产生挥发性硫化物的气味（臭气）所引起的。大多数薄荷糖含有蔗糖，细菌在分解糖的过程中会释放硫化物，因而会加重口臭。

干果不仅含有大量促进细菌滋生的糖，而且含有大量的不溶性膳食纤维，更容易导致口腔及牙缝间糖的聚集。注意，吃完干果一定要及时漱口

或清理牙缝。

专家表示，吃肉过多，会导致蛋白质摄入量超过身体需求，身体就会将其分解为碳水化合物用作能量。口腔内的细菌在分解蛋白质时会产生氨(尿味)，通过口腔排出体外。另外，食物残留在口腔中发酵，形成腐败物。晚餐吃得过饱或进食过多肉类、油腻食物，距睡眠时间过短，睡觉时胃中还存留着过多食物等，也会造成口臭。

那么，对女孩来说，如何保持口气清新呢？

1. 勤刷牙

早、晚彻底刷净牙齿，电动牙刷比普通牙刷更有效。此外，每日用一次牙线彻底清除藏在牙缝内的牙垢。刷牙的技巧是轻轻地上下移动牙刷，牙刷与牙齿、牙龈界线呈45°角，以左右5毫米的幅度轻轻地刷动。

2. 适当使用口气清新剂

口气清新剂可以及时有效地除去口腔中食物代谢物引起的臭味、因轻度鼻窦炎造成的异味和吸烟导致的口臭等。可以先喝几口清水，喷上口气清新剂后合上嘴数秒，便能令口腔保持数小时的清新。

3. 多喝柠檬水

饮清水可令口腔保持湿润，在水中加上一片柠檬，可以刺激唾液分泌，减少因鼻塞、口干或口腔内残余食物引起的厌氧细菌造成的口臭。

4. 口嚼茶叶

将一小撮茶叶放入口中，细细咀嚼一番，就有消除口臭的效果。茶叶富有消菌的作用，能消灭形成口臭的主要杂菌。虽然喝茶也会对消除口臭有所帮助，但咀嚼茶叶具有更好的效果。

5. 多吃蔬菜、水果

蔬菜含有大量纤维素，可帮助消化、防治便秘。蔬菜和水果中含的维生素还可帮助牙龈恢复健康，防止牙龈流血，清除口腔中过多的黏膜分泌

物及废物。

6.适时清洁舌苔

舌头表面呈白色状，亦是口臭形成的原因，在刷牙后，利用牙刷清洁舌头表面的舌苔，能完美预防口臭。

礼仪小贴士

在日常生活中，女孩口气清新是一件很重要的事，平时朋友聚会啊，酒吧狂欢啊，面对面交流都必不可少，而清新的口气令你不必再刻意保持与周围人的距离，在交际中充满自信与活力。

咳嗽、打喷嚏礼仪

《礼记·内则》："不哕、噫、嚏、咳。"哕，气逆而呕吐；噫，打嗝声，或感叹声；嚏，打喷嚏；咳，咳嗽。在与别人谈话时，在尊长面前，在礼仪场合、公共场合等，不要呕吐、打嗝、打喷嚏、咳嗽。欲呕吐、打喷嚏、咳嗽时，要到稍僻静处，转过身，用手帕捂住嘴，声音尽量放低。

想必大家还记得2003年肆虐的SARS病毒，当时在香港九龙京华国际酒店，有6名游客与来自广州的SARS患者同坐一部电梯至酒店九楼，之后其中5人感染发病，并将SARS病毒扩散至香港地区、新加坡、加拿大等地。

众所周知，咳嗽是呼吸系统中最常见的症状之一，也是人体的一种保护性措施。当感冒之后，呼吸道黏膜遭受异物、炎症、分泌物或过敏性因素等刺激的时候，就会引发咳嗽、打喷嚏。当然，这可以帮助清除呼吸道的异物或炎症所产生的分泌物，从而让呼吸道更加清洁和通畅。

但是，患有传染病的人在咳嗽、打喷嚏时，其身体内的病菌便会随着口腔唾液、鼻腔分泌物分散到空气中，最远距离可扩散至四五米。而且人的肉眼根本无法看见这些液滴，它们可长时间停留在空气中。这时如果一个健康的人进入这个区域中，那便很容易感染病菌。

还有一种情况，若是在一个相对封闭的环境之中，比如，车厢、教室、电影院、娱乐场所等，会大大增加病菌感染的可能性。

咳嗽、打喷嚏等是生活中常有的现象。在预防与控制流感中，也是人们最为担忧的现象之一。通过目前普遍开展的多种形式的防控新型流感的健康教育，如果进行这种完全暴露式的、口无遮拦的咳嗽、打喷嚏的人是包括流感在内的患有呼吸道疾病的病人，又是在人员较多的公共场所进行，周围健康的人就多了一份健康安全担忧。

那么，女孩应该如何遵循咳嗽、打喷嚏礼仪呢？

1. 咳嗽、打喷嚏时礼仪

当你要咳嗽或打喷嚏时，无论你是病人与否，均应采用餐巾纸、手绢或双手捂住口、鼻部，以防止病菌扩散，使用过的餐巾纸应丢入垃圾箱内；如一时来不及取餐巾纸，可采取"袖口遮挡法"，即用衣服袖管的内侧遮掩住口、鼻部，同样可以防止唾沫飞舞；上述保护性措施的采取，在狭小的密闭空间中显得尤为重要。

2. 咳嗽、打喷嚏后礼仪

咳嗽、打喷嚏时采取了"咳嗽礼仪"后的另一个重要措施，就是立即去洗手；不然，手部的病菌可以通过互相握手、接触门把手和电脑键盘等方式，转移到这些物体的表面。在做好"咳嗽礼仪"的同时，我们也应注意另一个生活小节问题，即与人谈话时应保持一定距离，不正对他人交谈，说话语音不要过大，避免口沫四溅。

3. 感冒注意事项

当你患感冒时，尤其是发病初期，症状较轻，而你又必须上班或外出，且有可能与他人合用交通工具、电梯以及办公场所等，应自觉遵守"呼吸道卫生／咳嗽礼仪"，佩戴口罩，以防止病菌借咳嗽、打喷嚏而传播。

🤝 礼仪小贴士

有一项非常重要的行为道德需要人人遵守，那就是"呼吸道卫生／咳嗽礼仪"，即在咳嗽、打喷嚏时应采取有效的保护措施，以防止病菌随咳嗽、打喷嚏扩散到空气中，危害周围的人；当然，如知道自己在处于患感冒等疾病时，预先佩戴口罩是一项非常好的选择。

吐痰、擤鼻涕的基本礼仪

《礼记·内则》规定："在父母舅姑之所……不敢哕噫、嚏咳、欠伸、跛倚、睇视，不敢唾洟。"这里的"不敢唾洟"，就是不能随地吐痰、擤鼻涕的意思，"唾洟"，即指痰液和鼻涕。《礼记》中的不随地吐痰是按照伦理道德标准来要求的，在古代医家那里，则是另一番理解。

唐代医药学家孙思邈在《保生铭》中有一个观点："每去鼻中毛，常习不唾地"，意思是要经常去除鼻毛，要养成不随地吐痰液的习惯。虽然孙氏所谓"常习不唾地"首先是出于养生和保健的需要提出来的，但在客观上有益于环境卫生和减少病菌的传播。

痰盂，古人又称"痰壶"，有瓷、玉、金属等各种质地，最晚在汉代已是家居必备之器。据《西京杂记》记载，当年广川王刘去盗魏襄王墓时，便曾盗出一只"玉唾壶"。到清代，痰壶更成了皇家的"标配"。

古人常用的痰壶与今天常见的痰盂明显不同，有些并不放在地上。有

条件的人家大多是由下人捧着随时取用，孔子的后代孔安国就曾捧过痰壶。据《汉官仪》记载：汉武帝时，"孔安国为侍中，以其儒者，特听掌御唾壶"。如果需要，古人外出或到一些重要场合，可以将痰壶藏于长袖中带在身上。

有时候，一个不文明的行为，足以毁掉一单生意。

有一个医疗器械厂与外商就引进输液管生产线进行了协商，眼看着第二天就签合同了。为了表示自己的热情，厂长陪同外商参观车间，正在介绍情况时习惯性地吐了一口痰，然后用鞋底擦掉。当时外商看见了，紧皱眉头，有些不悦。

第二天，外商不告而别，并给那位厂长写了一封信：恕我直言，您作为厂长代表着工厂的整体素质。而且，我们今后要生产的是有着严格卫生标准的输液管。在中国有句老话：人命关天！请原谅我的不辞而别……

就这样，一个已基本谈成的项目被一口痰"吐"掉了。

随地吐痰不但不卫生、不文明，还很不礼貌，如果在皇帝面前乱吐更是"大不敬"，搞不好还会掉脑袋。据《魏书·李栗传》记载，北魏太祖拓跋珪时，左将军李栗常在拓跋珪面前"咳唾任情"，结果被拓跋珪找理由诛杀了。

明林尧俞《礼部志稿》也曾记载："百官自入午门内不许吐唾，如朝参近侍御前，有病咳嗽者即许退班。"如果随地吐痰被发现要被治罪。皇帝在天坛祭天时，吐痰更是大忌讳："如有饮酒食荤，及随侍入坛而唾地者皆罪之。"

1. 擤鼻涕礼仪

擤鼻涕时应用纸巾先按住鼻子一侧擤，用同样的方法再擤另一侧。将擤完鼻涕的纸巾扔到垃圾桶，然后打香皂洗手。如果女孩生病流鼻涕，应随身携带纸巾，以备擤鼻涕时使用。

2. 吐痰礼仪

女孩应避免在大庭广众之下吐痰。吐痰时应寻找厕所，也可用纸巾来处理痰液，然后将其弃置垃圾桶。在室内应寻找痰盂吐痰并避开别人。

礼仪小贴士

日常生活中，女孩在与别人谈话时，在尊长面前、在礼仪场合、公共场合，不要吐痰、擤鼻涕。如果确实有痰、鼻涕，可到卫生间解决。实在不得已，则要到稍微僻静之处，转过身去，用手帕擦拭。当众擦拭鼻涕，也是不合礼的。

洗手间里也要讲究礼仪

洗手间的使用礼仪是最能体现文明程度的，尤其是公共场所的洗手间，因为是共用的，所以女孩在使用时就必须遵守相关礼仪，以免影响下一位使用者。

1. 遇到熟人应招呼一下

女孩在洗手间遇到同事，可能正在思考工作，没有主动打招呼，这可能会让同事误解你高傲。所以，在洗手间遇到熟人时别刻意回避，尽量先和对方打招呼，千万不要装作没看见把头低下，给人留下不爱理人的印象。

2. 遵守秩序

女孩使用洗手间时一定要先敲门，以确定是否有人正在使用，如回应有人，即使自己很着急，也不能频频敲门催促。在洗手间都有人占用的情况下，后来的人必须排队等待，通常是在入口的地方，按照先来后到的顺序排成一列，一旦其中一间空出来，排在第一位的自然拥有优先使用权，

这是国际通常的惯例，而不是各人排在某一间门外，以试运气的方式等待。

3. 注意清洁

洗手间最忌讳脏乱，所以女孩在使用时应该尽可能注意清洁卫生，若有脏乱应尽量加以清洁。有些女孩有不良习惯，不愿意去善后，这样就会给下一位使用者带来不便。女性卫生用品千万不要顺手扔入马桶，以免造成下水道堵塞。其他诸如踩在马桶上使用、大量浪费卫生纸导致后来者无纸可用等行为，都是相当失礼的。

4. 来去"冲冲"

有些洗手间的冲水位置和平常所见的有所不同，不过一般都是在水箱旁。有的在头顶用拉绳来拉，或在马桶后方用手拉，也有一些设置在地面上用脚踩。其中，用脚踩的方式应该是最符合卫生标准的。若担心冲水时手被污染，则不妨用卫生纸包住冲水把再按冲水。

5. 其他交通工具的洗手间

在飞机、轮船、游览车、火车等交通工具上，洗手间是男女共用的，男女一起排队是很正常的。这种情况下不必讲究"女士优先"。

6. 认清标志

每个地方的洗手间标记各有不同，国际上最常用的厕所标志是"WC"。也有用图案来标记的，男厕多是烟斗、胡子、帽子、拐杖、男士头像等；女厕则多以高跟鞋、裙子、洋伞、嘴唇、女士长发头像等来表示。

7. 带儿童一起上洗手间

儿童一般是可以和父亲或母亲一起使用洗手间的。不过不成文的规定是，母亲可以带着小男孩一起上女厕，而父亲则不可以带女孩上男厕。

8. 某些地区需付小费

在欧洲的一些国家，上洗手间是需付小费的，有些在出口处的桌子上摆着一个浅碟子，使用完毕可以随意放置一些铜板、角子等当作清洁费。

有些则在入口处清楚标示使用卫生间的费用。有些要事先付费，若不付费，看守者就不替你打开锁着的厕门。还有一些是机械投币式，也就是在入口设有一自动投币机门，投下一个铜板，旋转栅门就可以开一次。

9. 养成洗手习惯

使用完洗手间必须洗手，洗手台也会有擦手纸和烘干机。一般习惯是先用擦手纸擦干手，把用完的纸扔入垃圾桶后，再用烘干机把手吹干。烘干机大都是自动感应并有自动定时装置的。

礼仪小贴士

如果看到洗手间地上有"Wet Floor"等字样的黄色告示牌，表示清洁工人正在进行清洁。这时候，你就要去找另外一个洗手间了。在使用洗手间的时候，多想想别人，这些礼仪做起来就轻而易举了。

女孩修炼良好气质的 10 个步骤

通常人们以貌取人是很肤浅的行为，而气质才能真正展示女孩的内涵和魅力，良好的气质是女孩征服世界的利器。就如同一座冰山上有了水就会显现出灵气一样，女孩有了气质就会绽放出无穷的魅力。女孩外表的美总是最初的、静态的、肤浅的，且总是短暂的，经不起岁月的摧残，就像天空中的流星，转瞬即逝，没有生命力。如果你只有美丽的脸蛋、窈窕的身材，却胸无点墨，那么就只能称为"金玉其外，败絮其中"。而女孩高雅迷人的气质，才是最有魅力的显现。那么，作为一个女孩如何来培养良好的气质呢？那并不是一朝一夕的事情，而是需要你拥有良好的习惯。按下面的 10 个步骤，一步一步地来，就会让你修炼成气质迷人的女孩。

1. 善于发现生活的美

生活并不缺少美，而是缺少一双发现美的眼睛。生活中有很多美的东西，置身于美的世界就能开阔视野，从中得到对自然界、对人们的行为和日常生活中的美的充分领悟，来提高你对美的深刻感觉和理解能力。女孩要随时保持一颗乐观、积极向上的心来面对生活，这样，你就会在生活的细微处察觉它的美丽。善于去发现生活的美的女孩，她们通常是热爱生活、享受生活的，她们对生活的那种乐观、积极的态度会通过她们的外在表现出来，而散发出一种超脱、迷人的气质。

2. 发现自己的美

女孩要学会发现自己的美，这会成为你自信的源泉。善于发现自己的美的女孩，她们看起来都光彩照人、落落大方，灿烂的笑容里透着一股高贵的气息，让男人在仰慕的同时又有些敬畏。女孩更要学会爱自己，只有爱自己，才会发现自己的美。你在努力使自己完美的同时，还要对自己的一些无关痛痒的小毛病持包容的态度，只有了解自己的优势和不足，才能够使自己尽量突出美的部分。每个女孩都有自己独特的美，不要总是去羡慕其他的女孩。要学会去发掘深藏在自己身上的美，这会增加自己的自信心，女孩的自信也是气质的表现，你会发现原来自己也是一个很有魅力的女孩。

3. 不跟别人攀比

一个成熟的女孩根本没有时间去想自己哪些地方不如别人，她们也从来不会为自己没有自信、没有积极的态度、没有进取的精神而担忧。她们在不跟别人攀比的同时，还经常做自我批评，然后清楚地知道自己的弱点，但是她们并不会为自己的弱点哀叹，而是愿意花时间去改进它们，来使自己达到完善。心理学家说："不喜欢自己的人，根本就无法喜欢别人。"一个女孩要敢于正视自己的不足之处，而不是去盲目地与他人攀比，那样

只会让你的缺陷暴露无疑。世界上没有两片一模一样的叶子，而每一个女孩都有自己独特的魅力。就让属于自己的魅力尽情绽放吧，做一个气质独特的女孩。

4. 坐拥书城，魅力无限

如果仅仅是一个会穿衣、化妆的女孩，在他人看来是很浅薄的，她的内涵是空虚的，底蕴是单薄的。一个女孩徒有漂亮的外表，而没有学识，那么她的魅力抵不过时间的飞逝，没有文化的女孩总是衰老得很快。"腹有诗书气自华"，如果你饱读诗文，博览群书，那么不知不觉间你就会感染文化的气息，更会提升你内在的气质，只有有气质的女孩才会有恒久的魅力。女孩的品位来自文化，宽容来自文化，温柔来自文化，自尊来自文化，书籍是成就女孩气质的根本。凡是读书的女孩大多是自强的女孩，是智慧的女孩，是不依附于男人的女孩，也是真正能够征服男人和世界的女孩。所以，女孩只有坐拥书城，才会使你的魅力无限绽放。

5. 培养高雅的兴趣

拥有高雅的兴趣也是女性气质的一种表现。女孩要有自己的爱好，它可以打发你空余下来的时间，还可以培养你内在的气质。你可以爱好文学，并且有一定的表达能力，它会让你说话很有水准，还会展现你娴静的气质；你可以欣赏音乐并且有较好的乐趣，它可以治疗你心里的伤痕，也可以让你拥有浪漫的气质；你可以喜欢美术且有基本的色彩感，可以利用自己的色彩感来穿衣打扮，这也可以让你浑身充满艺术的气息。这些高雅的兴趣，会让女孩的生活充满迷人的色彩，也会让她们脱胎换骨做气质女孩。

6. 不断充实自我

对现代女性来说，自己所具备的知识是远远不够的，但很多女孩却不思上进，得过且过，整天无所事事、百无聊赖。现代社会是竞争激烈的时

代，如果你不思进取，就会退步，或许在你化个妆的工夫，别人已经悄悄走在你前面去了。有修养的现代女性绝不做一问三不知的"白痴"，她们总能拥有丰富的知识底蕴。女人可以在下班后多学习，为自己储备更多的专业知识和技能，同时每天要多看报，留心经济讯息，多关注社会。除了这些，你还可以根据科学发展的趋势进行预测，随时走在时代的最前面，保持宏观的视野。

7. 展示最真实的自我

每个女孩都希望自己是一个有魅力的女人，她们渴望自己在性格和外表方面对别人有更大的吸引力。但是很多女孩常常会陷入某种误区，她们盲目追求完美女人，而忽视了自己的价值。卡耐基说："女人，你真的看清自己了吗？"其实在现实生活中，真实的你才是最能打动人的，因为这样的你有血有肉，有喜怒哀乐。一个真正有修养的女孩，她的气质是从骨子里自然而然散发出来的，绝不是矫揉造作。所以女孩一定要学会接受自己的外貌；对别人要至真至诚；仪态端庄，充满自信；随时保持幽默感；不要惧怕显露自己真实的情绪；有困难的时候，真诚地向朋友求助。

8. 早晨起来和自己说"我拥有别人没有的美"

每一个女孩都有自己独特的美丽，不要总是去羡慕别人的美丽。你可以在每天早上起床的时候，对着镜子里的自己说："我拥有别人没有的美"。别人有知性美，你可以有气质美；别人有美丽的外表，你可以拥有一颗爱心；别人有高雅的谈吐，你可以有自己个性的幽默。你有别人没有的美，所以不要怀疑你身上的美，肯定它们，并让它们能够尽情释放出来。

9. 从容从拥有宽广的胸怀开始

一个人的从容可以是在危难之时的大义凛然，也可以是显现在日常生活里的宽广胸怀。"君子坦荡荡，小人长戚戚"。凡是斤斤计较、睚眦必报的女孩都是不具备从容气质的。女孩要心胸开阔，这样自己的外貌举止

也会显得十分舒畅安定。如果女孩要具备从容的气质，那么先拥有宽广的胸怀吧！

10. 让你的笑容像阳光一样

卡耐基说："要使别人喜欢你，首先你得改变对人的态度，把精神放得轻松一点，表情自然，笑容可掬，这样别人就会对你产生喜爱的感觉了。"笑容就是最美的语言，灿烂的笑容能够治愈自己的不良情绪，如果你真诚地向一个人展颜微笑，他也许就无法再对你生气。而一个拥有灿烂笑容的女孩，往往具有较强的亲和力。大凡喜欢笑的女孩，都会拥有一份乐观、积极向上的心态。女孩，让你的笑容像阳光一样，不但为他人带去温暖，也为自己增添无限魅力吧。

第 05 章
沟通礼仪，得体语言会说话

　　俗话说："酒逢知已千杯少，话不投机半句多。"女孩是否语言得体直接决定了言谈的效果，一语既出，就能对女孩的修养水平做个准确的定位。所以，女孩要掌握一定的语言修养礼仪，切不可乱说话。

女孩说话的礼仪修养

语言就是说话的艺术，是女孩的内在修养、学识以及处事应变能力的外在体现。

生活中，我们会发现很多女孩相貌可人、窈窕多姿，可是一开口，就满嘴污言秽语，让人产生极其不好的印象。这是女孩语言修养中的大忌，会因为几个脏字顿时形象全无。

说话礼仪修养也是一门艺术能力的获得，说话是一门值得推敲的艺术。在人际交往的过程中，说话礼仪的好与坏关系交往的功效。而揣测对方的心理，把话说到对方的心里去，是说话得体、动听从而达到成功交往的关键因素。

《红楼梦》中的王熙凤就是个会说话的女人。王熙凤初见黛玉，笑道："天下真有这样标致的人物，我今儿才算见了！况且这通身的气派，竟不像老祖宗的外孙女儿，竟是个嫡亲的孙女，怨不得老祖宗天天口头心头一时不忘。只可怜我这妹妹这样命苦，怎么姑妈偏就去世了！"

王熙凤的话不仅拉拢了黛玉，也说到贾母心头去了，她之所以能得到贾母的宠爱，多半和她会揣测贾母的心情有极大的关系。虽说王熙凤是个八面玲珑、心肠歹毒的女人，但是她的说话能力和"外交辞令"的确值得女孩学习。

1. 说话真诚

说话的时候，女孩要注意真诚、谦恭地和别人交谈。真诚的态度是交谈的基础。谁都希望别人尊重自己，但自己首先得尊重别人。在交谈中，应该真挚、平易、热情、稳重。彼此的信任会使交谈进行得很愉快，使双方袒露心扉，既增进了情感交流，也赢得了别人对你的好感和支持。如果虚伪做作、华而不实或轻慢无礼、语气生硬，那么对方就不乐意同你交流。真诚，就是要做到不言过其实、油腔滑调，更不能恶语中伤别人；谦虚是一种美德，但是凡事皆有度。生活中不少交际语言，如"久仰大名，如雷贯耳""才疏学浅，望多多指教"等，都华而不实，给人过度谦虚、缺乏诚意、呆板生硬的印象。谦恭适度，应该把自己摆在与对方平等的位置上，推襟送袍，不能满口客套，假意应酬。议论问题，表达看法，不能过分谦卑，也不应自以为是；赞美别人，不能言过其实，而应恰如其分；反省自己，不能文过饰非，也不应妄自菲薄。

2. 说话别盛气凌人

人说，言多必失，女孩不要为了表现自己的口才，占住上风，就不给对方说话的机会，这是一种盛气凌人的表现，会招人厌恶。女孩要给足对方说话的机会，让对方感到一种尊重，双方的交谈也就达到了一个很好的效果。

3. 学会倾听

倾听可以缓和紧张关系，解决冲突，增加沟通。倾听可以增进人与人之间的相互理解，解除他人的压力避免不必要的纠纷。

4. 学会赞美别人

女孩应学会赞美别人，与人玫瑰，手有余香，人们总是更关注自己的问题和兴趣，如果有人愿意听你谈论自己，马上就有被重视的感觉。当然，赞美不是虚情假意的，而是发自内心的真诚的赞美。

5. 说话要分人和场合

女孩的说话能力往往体现在一种机敏的处事能力和灵活的变通能力上，女孩要见人择言，"到什么山上唱什么歌"。生活中，女孩会接触不同性格、不同行业、不同熟悉程度的人，因此女孩应学会察言观色、选择语言，甚至转移话题，这也就是王熙凤式的"八面玲珑"，因为"一千个读者，就有一千个哈姆雷特"，每个人都有自己的个性和习惯等；女孩还要因地因时改变说话的方式，如在丧葬场合，不要和人大肆开玩笑，这是对死者和死者家属的不尊重；而在喜庆的场合，则不能论调悲痛，这是破坏气氛的表现。

6. 善于打破僵局

女孩在与人交往的时候，经常会碰到一些尴尬的僵局，如何打破这种僵局，就是说话礼仪修养能力的一种升华。当女孩遇到自己不想回答或不便回答而别人又偏偏执意打听的事时，即使心中不快，也不要显出愠怒，应冷静、沉着、巧妙地应对。在遇到语言失误的时候，随机应变力强的女孩能自圆其说，补救失误；能反击对方攻势，兵来将挡、水来土掩。很多时候，这种尴尬的最好的解决办法就是幽默，幽默不仅能解决尴尬，还能让语言具有感染力。

礼仪小贴士

上面的几点是女孩值得注意和学习的，女孩要掌握说话礼仪，大方得体是基础，随机应变地和别人交谈，让交谈顺利、愉快。会说话的女孩总是人见人爱！

女孩话说得真诚，才更动听

曾经打败过拿破仑的库图佐夫，在给叶卡捷琳娜公主的信中说："您问我靠什么魅力凝聚着社交界如云的朋友，我的回答是'真实、真情和真诚'。"真诚，是说话成功的第一乐章，把话说得真诚，如此，话才足以动听，也才能打动人心。说话如果只求外表漂亮，而缺乏了其中的真诚，那么，它所开出的只能是无果之花，或许，这能欺骗别人的耳朵，但却无法欺骗别人的心。对于经常出入交际场合的女孩，如果要想打动他人的心，就必须先使自己动情。

著名演说家李燕杰说："在演说和一切艺术活动中，唯有真诚，才能使人怒；唯有真诚，才能使人怜；唯有真诚，才能使人信服。"生活中，与人交谈，贵在真诚。古人说得好："功成理定何神速，速在推心置人腹。"在语言交流过程中，只要我们捧出一颗至真至诚的心，对方何以不感动呢？

北宋著名词人晏殊为人十分真诚，颇得身边人的喜欢。在他14岁时曾参加了一次殿试，当时的皇帝宋真宗出了一道题，当他看到试题之后，便说："陛下，这道题我刚巧在十天前做过了，不妨请陛下出其他题目吧。"晏殊坦然而言，深得宋真宗信任，当时就被赐予"同进士出身"。

晏殊在后来的任职期间，同一年纪的大小官员都出去寻乐了，只有他基本上都是在家里读书。因此，宋真宗钦点晏殊辅佐太子，其他大臣都感到奇怪，怎么可能是晏殊呢？对此，宋真宗回答说："你们这些人都喜欢出门寻乐，也只有晏殊每天读书、写文章，行为如此端正的人当然是最合适的人选。"晏殊听了，先道谢皇恩，然后真诚地说："其实我也很想出去寻乐，不过因为太穷所以没法出去玩，只有在家里看书了。"尽管晏殊说得是真话，但宋真宗却非常欣赏其坦诚。

美国总统林肯曾说："一滴蜂蜜要比一加仑胆汁能吸引更多的苍蝇。人也是如此，如果你想赢得人心，首先就要让他相信你是他最真诚的朋友。那样，就会像一滴蜂蜜一样吸引住他的心，也就是一条坦然大道，通往他的理性彼岸。"用真诚的话语打动人心，这本来就是最佳的沟通方式。

其实，在语言交流过程中，语言的真诚，不论对说话者还是对听者来说，都是极为重要的。说话的魅力，不在于说得多么流畅、多么滔滔不绝，而在于是否善于表达真诚。有着较高语言修养的女孩，不见得一定是口若悬河的人，而一定是善于表达自己真诚实意的人。在交流中，如果你能用得体的语言来表达你的真诚，就很容易赢得他人的信任，与他人建立融洽的关系。那么，对方就有可能会喜欢听你说话，或者答应你提出的要求。而那些打动人心的真诚话语，可以说是"一字千金"。

当公司还是一个小工厂的时候，王姐作为公司的领导，总是亲自出门推销产品。而每次碰到砍价比较厉害的对手的时候，她总是真诚地说："我的工厂只是一家小作坊，这大热天的，工人们在炽热的铁板上加工制作产品，汗流浃背，他们该是多辛苦啊，但是，一想到客户，他们依旧努力工作，好不容易才制造出了这些产品。为了对得起这些辛苦的工人，我们还是按照正常的利润计算方法计算价格，你看如何？"

听了这样真诚的话，客户开怀大笑，说："许多来找我推销产品的人在讨价还价的时候，总是说出种种不同的理由，但是你说的很不一样，句句都在情理之中。我也能理解，你和你手下的工人都不容易，好吧，我就按你开出的价格买下来好了。"

王姐的成功，在于其真诚的说话态度，她的话语充满了情感，描述了工人工作的辛苦、创业的艰辛。从表面上看，语言本身并无矫饰，异常淳朴，但是，正是语言的真诚、自然，唤起了他人内心深切的同情。王姐恰恰是通过语言表达出来的真诚，换来了对方真诚的合作。在生活中，人与

人之间应该真诚相待，不管是朋友还是老板，当你袒露了自己的真诚，相应地，你也将收获对方给予的真诚。

在说话过程中，我们首先应该想到的是如何把自己的真诚融入到语言中，如何把自己的心意传达给他人，因为只有当对方感受到你的真诚的时候，他才会打开心门，接受我们表达的看法，而彼此之间才会有继续交流的机会。毕竟，只有把话说得真诚，话才会动人，也才能打动人心。

1. 说话带诚意

白居易曾说："动人心者莫先乎于情。"隐藏在话语里的至真至诚往往能使"快者掀髯，愤者扼腕，悲者掩泣，羡者色飞"。把话说得漂亮，并不是华丽词藻的堆砌，而是话语里蕴含的真意、诚意。

2. 以情动人

说话是为了沟通，为了打动人心，话语中的真诚无非就是打开对方心灵之门的钥匙。用自己的心去弹拨对方之心，用自己的情去打动对方，如此，才能使听者闻其言、知其声、见其心。

礼仪小贴士

在日常生活中，说话流利、滔滔不绝、一泻千里，虽然语言表达十分流畅、优美，但若是缺少了其中的真意、诚意，就失去了所有的吸引力。如此的说话就如同一束没有生命力的绢花，很美丽但不鲜活动人，缺少魅力。

善于倾听是一种美德

善于倾听是一种美德，没人会喜欢开口就叽叽喳喳的鸟儿，他们更喜

欢能够认真倾听自己说话的人。在语言交流过程中，如果你能恰到好处地将这一美德表现出来，即可赢得他人的好感。或许，有人会问什么才算是最好的语言修养，答案其实很简单，那就是倾听。有许多女孩认为多说话才能展现自己的魅力，这恰恰是错误的，多说话会给我们带来许多负面的影响：多说话有可能会使他人对你产生戒心，认为你有某种企图；说得太多了，他人会对你敬而远之，因为他没有义务当你的"倾诉桶"；况且，说话这件事，说得多了，难免会出错；有时候，说得太多，暴露的信息太多，就会被别人看穿。所以，做一个懂得倾听的女孩，并将这样的美德沿袭在自己身上，你会赢得比别人更多的机会。

上帝给我们两只耳朵、一张嘴，其实就是要我们多听少说。在生活中，那些最有魅力的女孩一定是一个倾听者，而不是喋喋不休的人。在小说《傲慢与偏见》中，丽萃在一次茶会上专注地听着一位刚刚从非洲旅行回来的男士讲自己的所见所闻，她几乎没有说什么话，但分手时那位男士却对别人说："丽萃是个多么善言谈的姑娘啊！"或许，这就是倾听的魅力。在语言交谈过程中，或许她并没有说几句话，但她一定会赢得他人的好感，并且认定她是一个善于言谈的人。这是因为倾听本身就是一种良好的语言修养，而女孩恰恰以自己的修养征服了人心。

很久很久以前，一位小国的使者向皇帝进贡了3个金碧辉煌的小金人，同时，这位使者问皇帝："智慧的陛下啊，请问你觉得这3个小金人谁最珍贵？"

皇帝一时之间被难住了，他马上请珠宝匠检查，通过称重、检查做工，却发现3个小金人一模一样。到底谁最珍贵呢？皇帝不相信堂堂大国竟然搞不懂这个问题。于是，召集众大臣商议。这时一个年老的大臣主动请缨：我有办法。只见那位老臣拿着3根稻草，分别插入三个小金人的耳朵，只见第一个小金人的稻草从另一边耳朵出来了，第二个小金人的稻草却是从

嘴里吐出来，而只有第三个小金人的稻草没有掉出来。这时，老臣说："我觉得这第三个金人最珍贵。"使者当即表示答案是正确的。

这个故事告诉我们：人的价值不仅在于说，还在于倾听。善于倾听，是成熟女人最基本的素质。会倾听的女孩，心灵深处处处是阳光，拥有倾听的人生，才是美丽的人生；善于倾听的人生，才是睿智的人生。专注地倾听他人说话，是你所能给予他人最有效的赞美，因为人们总是更关注自己的问题或兴趣，同样，如果有人愿意听你谈论自己，相信你也会有一种备受重视的感觉。

小罗是一个很受欢迎的人，她常常会接到不同的邀请，而在各种社交场合，她都能和大家打成一片。朋友小林十分敬佩她，不过，她始终没能找到小罗的秘诀。

有一天晚上，小林去参加一个小型的社交活动，一到场就看见小罗和一个风度翩翩的男士坐在角落里。小林发现，那位英俊的男士一直在说，而小罗好像一句话也没说，只是偶尔笑一笑，点点头。回家的路上，小林忍不住问小罗："刚才，那位男士好像完全被你吸引住了，你是怎么做到的？"小罗笑着说："刚开始我只是问他，你的肤色看起来真健康，去哪里度假了吗？他就告诉我去了夏威夷，还不断称赞那里的阳光、沙滩，之后顺理成章地，他就开始讲起了那次旅行，接下来的两个小时他一直在谈夏威夷，最后，他觉得和我聊天很愉快，可是，我实际上并没有说几句。"

看完了这个故事，想来，我们应该清楚小罗为什么总是那么受欢迎了。是的，原因就是认真地倾听。其实，在沟通过程中，倾听是对谈话者最基本的尊重，同时，也是有效沟通的前提。懂得倾听，认真地倾听，让对方感受到你的注意力，让他觉得你对他所谈的内容很感兴趣，那么，你与他的心理距离就会缩短。在这样友好的氛围中，对方更容易对你产生好感，而你掌握主动权的概率就会更大。

在日常交际中，我们习惯用语言来交流思想，用心来沟通感情，但是，沟通与交流需要的只是语言吗？这是否定的，在很多时候，我们都很容易忽视耳朵的作用，也就是倾听。倾听是一种交流，更是一种亲近的态度，只有倾听才能领略别样的风景，只有倾听才能真正地走进对方的心里。

1. 用心倾听

布里德奇说："学会了如何倾听，你甚至能从谈吐笨拙的人那里得到收益。"倾听并不是没有任何意义的随声附和，一个优秀的倾听者可以从说话者那里获取大量的信息，从而赢得对方的喜欢。

2. 适时重复对方的话语

不过，倾听也是有技巧的，除了听之外，还需要适时地重复对方话语中的关键字眼。当然，倾听比说话更需要毅力和耐心，假如你只是埋头玩自己的手机，或者把头瞥向一边，这样无疑会打击说话者的积极性。

3. 等别人说完再发表意见

倔强而任性的女孩，遇事要冷静地思考、分析，尽量克制自己的情绪，等别人说完了自己再发表意见，这样就能搞清楚别人的意图是什么，就知道怎样应对，就会赢得别人的尊重，因为受人尊重的前提是尊重别人，倾听就是一种尊重，也是一种习惯，倾听并不是对别人巴结献媚，而是发自内心的倾听，经常这样用心倾听别人的内心世界，你会发现，你在无形中学会很多东西。

礼仪小贴士

当然，女孩不但要学会用耳朵去倾听，还要学会用心去倾听。只有听懂了别人表达的意思才能沟通得更好，倾听是说话的前提，先听懂别人的意思，再表达自己的想法和观点，才能更有效地沟通。同时，听懂了别人的意思，我们才有机会掌握沟通的主动权。

女孩，别带着情绪说话

小说家亚诺·本奈说："日常生活中大部分的摩擦冲突都起因于恼人的声音、语调以及不良的谈吐习惯。"如果仔细观察身边的女孩，会发现她们大多数都带着情绪说话，缺少应有的优雅从容。对此，哈佛大学前任校长伊立特说："在造就一个有教养的人的教育中，有一种训练是必不可少的，那就是，优美而文雅的谈吐。"在生活中，善于说话的女孩，不但能使陌生人见了对她们产生良好的印象，还能广结人缘，到哪里都能受人欢迎。有的女孩喜欢随便使用粗俗的语句，不肯"三思"而后言；还有许多女孩，整天只会说一些没有任何意义的琐事。这样的说话方式，若是面对陌生人，肯定会招致别人的反感。

一个人说的话不仅能够感染他人，还能够反映出自己的一些信息，如内心所想、职业等。一般而言，当内心通畅的时候，说话就会清亮和畅；内心平静的时候，语言就会平和；内心兴奋的时候，声音就变得有点尖锐。现代心理学认为，不同的说话方式会给人不同的感受。而其中，优雅而从容的语言表达会给你的说话增加筹码，不管你是在聊天，还是在说服对方，都具有很好的作用。另外，我们在说话的时候，需要时刻保持优雅的谈吐，不要轻易被情绪左右自己的话语。有的女孩在生气的时候，说话就毫不顾忌，抱怨、怒骂，甚至爆粗口。其实，如此说话会让你少了几分优雅，多了几分粗鲁，自然也会大大地影响你在人前的良好形象。

小丽说："我本质上不是一个温柔的人，因而，对于优雅的谈吐，并没有太多感性的认识，可是不久前我就亲身领教了一回它的力量。"她最近在一家公司做售后回访，一般要问完5个问题才算做完一个回访。通常情况下，她很客气地问候客户时，对方多能比较礼貌地回应她。但也有态

度很粗暴的客户，没等她把话说完，就"啪"的一声挂了电话，或虽然在听，但语气相当不友善。

由于职业道德的约束，小丽的声音绝不能受情绪的丝毫影响，不能因为对方的粗鲁而变得狂躁不安。相反，她继续使用优雅的语言与其对话，这时她惊奇地发现，往往态度不好的客户在听她讲第一句话时，语气冲得她都怕对方从电话里伸出手来扇她一记耳光，可在她依然不改变曼妙的优雅谈吐，第二句、第三句对话时，对方已平静了很多，到最后一句话时简直就判若两人了，非常客气，甚至能主动向她致谢。第一次她以为是碰巧了，可第二次、第三次，当她坚持以不变的曼妙声音和温柔态度对待不太友善的客户时，得到的都是同样的结果。

优雅的谈吐所传递的是一种温柔的态度，在这样的态度面前，所有的烦躁、粗鲁、不愉快都会土崩瓦解。原来，优雅而从容的谈吐有如此巨大的力量。女人的优雅可以营造出一个温馨的谈话氛围，形成一个神秘的磁场，让对方潜移默化地认同了某一种价值观，行为也随之发生了微妙的变化。

露露是一个有着优雅谈吐的人，无论是面对上司还是同事她说话都很优雅，但这仅仅限于她心情很好的时候。一旦同事或上司在某些方面得罪了她，她就会火冒三丈，不管对方是谁，只管一股脑儿发泄自己的怨气。

有一次，露露正端坐着与同事聊天，无意中看见另外一位同事正在翻看自己的抽屉。她一下子怒火攻心，站起来，大声喝道："卢晓川，你干吗呢？在我抽屉里翻来翻去，跟做贼似的。"被叫住的卢晓川知道露露的脾气，慢慢解释："你在办公室啊，我以为你不在呢，老板喊你要企划案，我记得早上你说已经做好了，就想找到了给你交上去，否则，误了提交时间，老板是要生气的。"听了解释，露露的火气并没降下来，反而愈演愈烈："我的事不用你管，真是的，少在那里瞎操心。"

不远处几个同事小声议论："真搞不懂她，刚才还优雅得如同一只白天鹅，现在就活脱脱一只'母老虎'。"

想必，露露是大多数女孩在生活中的缩影吧！女人天生就是情绪化的动物，有可能前一刻还在微笑，下一刻已经在哭了。因此，她们在说话时也很容易受到情绪的影响：心情不错的时候，则会保持优雅从容的谈吐；生气的时候，则会拍桌子、瞪眼睛，全然没有了优雅的姿态；紧张的时候，则会忸怩作态，不知道该说什么。

礼仪小贴士

对此，女孩应该战胜不良的情绪，争做优雅的女人。无论在什么时候，都要面带微笑，保持优雅的姿势，从容对答，千万不要被情绪搅乱了话语。

赞美他人是一种语言修养

心理学家认为，"人类本质中最殷切的需求是：渴望被肯定"。在生活中，被人赞美是一件令人喜悦的事情。恰如其分的赞美，能使人感受到人际的理解和温馨，能够打动他人，有效地增进赞美者与被赞美者之间的心灵交流。一个女孩若是学会了赞美，往往会使她受益无穷。在日常交际中，我们经常能感受到赞美的魔力，不仅能打动他人，也能使自己获得友情和帮助。每个人总是对自己最感兴趣、认为自己最重要、希望被人赞美，那么，女孩在与他人交往的过程中，应该遵循一个原则：真诚地赞美他人，并且，将赞美的话说得恰到好处。

对赞美而言，也是需要一定技巧的。我们对他人的赞美不能太夸张、太过分，而需要恰到好处。在生活中，我们经常听到"你这个人真是太好

了"，虽然，这听上去就是一句赞美，但是，太好是有多好呢？赞美者没能说清楚，给人一种虚假的赞美，如此的赞美，不仅不能打动人心，反而令人生厌。因此，女孩应该记住：在赞美他人的同时，需要将赞美的话说得恰到好处。

有人说："世界上最华丽的语言就是对他人的赞美。"大量事实证明，适度的赞美不但可以拉近人与人之间的距离，更能够打开一个人的心扉。可是，如何才能不露痕迹地将那些赞美的话送给对方呢？在交谈过程中，你总不能一个劲儿地夸奖"你真棒""你真优秀""你们家装修得真漂亮"，在很多时候，我们需要把赞美的话说得恰到好处。

有一天，推销员小姐还是和往常一样，把公司里刚出的产品的功能、效用告诉顾客，然而，男主人并没有对她的介绍表现出多大的兴趣。于是，她立刻闭上嘴巴，开动脑筋，并细心观察。突然，她看到阳台上摆着一盆美丽的盆栽，便说："好漂亮的盆栽啊！平常似乎很难见到。"

男主人来了兴致："你说得没错，这是很罕见的品种。同时，它也属于吊兰的一种。它真的很美，美在那种优雅的风情。"

"确实如此。但是，它应该不便宜吧？"

"这个宝贝很昂贵的，一盆就要花700美金。"

"什么？我的天哪，700美金？那每天都要给它浇水吗？我一直很喜欢盆栽，但却对此一窍不通，我能向你请教你是如何培育出这样美丽的盆栽吗？"

"是的，每天都要很细心地养育它……"男主人开始向推销员小姐倾囊相授与吊兰有关的学问，而她也聚精会神地听着。

最后，这位男主人一边打开钱包一边说道："就算是我的太太，也不会听我啰啰唆唆讲这么多的，而你却愿意听我说这么久，甚至还能够理解我的这番话，真的太谢谢你了。如果改天有空，我会乐意向你传授种植兰

花的经验，希望改天你再来听我谈兰花，好吗？"说着，男主人爽快地接过了产品。

推销员小姐通过向男主人请教关于盆栽的问题，打开了男主人的谈话兴致，而且，在交谈过程中，她并没有过多地赞美男主人，而是恰到好处地赞美了盆栽，这使男主人的心理得到了极大的满足。说到最后，没等推销员小姐开口，男主人就主动掏钱购买了产品，并且还发出了"希望改天你再来听我谈兰花"的邀请。

1. 赞美对方不为人知的优点

即使再差的人，在其身上也有那么一两处不为人知的优点，这时候我们可以巧妙地利用。比如，"你这件礼服真漂亮""你的发型真好看""你这身打扮真有气质"，这样的赞美会使对方感到高兴的。

2. 赞美要具体而微

在日常交际中，我们要善于发现对方的细微之处，并不失时机地予以赞美，这时候赞美言辞用得越具体就越有效果，比如，"认识你这么久了，还不知道你的厨艺那么棒"。

3. 赞美要有新意

赞美的言辞不能千篇一律，要有新意，一般而言，一些突出个性、有特点的赞美会收到更好的效果。比如，爱因斯坦这样赞美比利时的王后，"您演奏得太好了！说真的，您完全可以不要王后这个职业"。

礼仪小贴士

其实，每个人对于自己得意、骄傲的事情总是很热衷，他们更希望自己得意的事情得到别人的肯定与赞美。因此，在聊到一些话题时，如果女孩发现对方总是骄傲地谈到某些事情，不妨顺势赞美。

第 06 章
用餐礼仪，饭前饭后有内涵

　　中国是一个传统的礼仪之邦，吃饭用餐都很有讲究，饮食礼仪也是饮食文化的重要组成部分。用餐时，每一位女孩都应使自己的临场表现合乎礼仪。不管是中餐还是西餐，不管是宴请还是饮酒，都需要遵循一定的礼仪，保持淑女风范。

宴请之道，不仅仅吃饭那么简单

宴请是一种最常见的交际形式，尤其在国际交往中，宴请不仅是东道主尽地主之谊的主要方式，也逐渐成为互相交流、解决问题的主要载体之一。宴请也是人际交往中促进关系发展的重要手段，不论是请客吃饭还是参加宴会，都可以让宾主之间的关系得到进一步发展，也能够通过参加宴会结识新朋友，扩大自己的交际圈和视野。而中国人向来喜欢在餐桌上讲话，这时通常能够看出一个人的修养和内涵。女孩在宴请中一直占据着重要的位置，从古代君王宴会时必有歌女在一旁助兴，到今天的每次宴会都少不了几位女性朋友。我们可以理解为，当一个漂亮又有气质的女孩坐在餐桌前，不仅可以让在座的男士赏心悦目，也可以适当地调和餐桌气氛。因此，作为女孩，更应该知晓一些宴请礼仪，当你优雅地坐在餐桌前，那就是你最美丽的时刻。

当你作为东道主的时候，需要做很多的准备工作。宴请客人是一件需要细心、耐心的事情，策划每一次宴请，都要提前做好各项准备工作。比如，你邀请宾客的人数、宾客的性别比例、宾客的身份地位、宾客所喜好的食物口味以及你宴请的目的。只有做好充足的准备才能使你的宴请成功地举行并完美地落幕而不会出现难堪的状况。

孙小姐准备在家里办个生日宴会，她很早就把这个消息透露给自己的

朋友们，并告诉朋友们自己会给大家一个充满惊喜的宴会，好吃的、好玩的绝对少不了。这可吊足了朋友们的胃口，大家都满心期待周末的到来。

终于等到周末了，朋友们早早就来到了孙小姐家里，看见布置一新的屋子都显得异常兴奋。在大家嬉笑打闹之后，宴会开始了，可是朋友们看见厨房里还是一片冷清。有朋友禁不住向孙小姐开玩笑："哟，厨房还没有开火呢？准备饿我们肚子呢？"孙小姐神秘地笑笑，这时门铃响了，有西餐店里的服务员送来了菜肴。朋友们立即泄了气，原来孙小姐说的惊喜宴会就是"西餐晚会"啊。

有的朋友喜欢吃西餐还好，平时不怎么喜欢吃西餐的朋友可就适应不了，直嚷着没有吃饱，硬是在冰箱里找了面条到厨房自己煮去了。朋友们勉强吃完了西餐，孙小姐不顾大家一致提议的去 KTV 而擅自做主在家里铺开了麻将桌。朋友们禁不住孙小姐的一再邀请，玩了一会儿就纷纷告辞回家了。

孙小姐因为没有做好充足的准备工作，也没有尊重朋友们的喜好就擅自做决定，使得朋友们都没有玩得尽兴，这其实是很失礼的。对大多数女孩来说，在紧张的生活和工作之余，也会邀请几个要好的朋友在家里开个Party，或者举办自己的生日宴会，在工作结束后也会参加一些宴会。在这样一些活动中，都必须注重宴请的礼仪，才能使自己成为宴会上极具优雅之美的魅力女孩。如果你不知晓一些宴请的礼仪，稍有不慎就会因为一个不经意的小动作而使自己形象毁灭，甚至当场出丑。

1. 宴请礼仪

即使你是被宴请的宾客，也需要掌握一定的宴请礼仪，不仅需要注意自身的着装和形象，还需要在赴宴的过程中做到仪态优雅、大方得体。当你在就餐的过程中，入座了就不要东张西望，也不要干坐着发呆，或者是随意玩手机或桌上的餐具。正确的就餐坐姿应该是双手放在腿上，双肩端

正放平，面带微笑，可以礼貌地与身边的宾客交谈几句，如果实在没有什么话题，也可以静静地坐着听他们交谈。

2. 就餐礼仪

就餐的时候，无论是中餐还是西餐，都不能把餐具全部放进嘴里，更不能用舌头去舔粘在餐具上的食物。尽量吃离自己比较近的食物，即便看到对面自己喜欢的食物，也不要站起来直接去取或者走到餐桌的那边去取。当主人为你盛情夹菜时，一般不要拒绝，道声"谢谢"即可。尽量不要在宴会上喝酒，如果实在推辞不掉，也要适量，以防酒后失态。

女性在用餐时，要表现出自己的高雅，不能狼吞虎咽或是发出很大的声音，当你嘴里有食物时不要和别人讲话。如果汤菜太烫，需要稍等片刻而不是用嘴去吹。如果不小心泼洒了汤或者酒，要小声地致歉；洒到别人的身上，要边给对方擦拭边道歉。如果别人不小心弄脏了自己的衣服，也不要乱加指责，而应该去洗手间弄干净并安慰对方"没有关系"。

3. 个人礼仪

有的女性在参加宴会之前都会稍微化妆，但是你在用餐之前最好悄悄地把自己的口红擦掉，以免用餐时在杯子、碗筷上留下口红印，这样既不雅观也会影响他人的食欲。如果在宴会的过程中需要补妆，不要当着大家的面而要到卫生间或者化妆室去修补。

总而言之，无论是作为东道主还是被邀请者，女孩只有恰当地表现出自己的礼仪之道，才能为宴会妆点出不一样的美丽。

礼仪小贴士

因此，女孩无论是在社交还是在工作中，都需要掌握一些宴请的礼仪，这对于提高自己的交际能力和礼仪修养有很大的帮助。

常用的中餐礼仪

随着生活水平的提高，人们对饮食礼仪的要求也越来越高，而中餐看似最平常不过，用餐时却是有一番讲究的。女孩要注重中餐宴会上的礼仪修养，才能在交际场合中应变自如、落落大方。俗话说得好，餐桌是最能体现一个人修养和素质的地方，尤其是中餐，因为中餐宴会上，处处有礼仪。

中餐礼仪已经有几千年的文化，但是随着中西文化的融合，很多女孩对中餐礼仪的重视程度已经在慢慢消减，对中餐礼仪的一知半解会让女孩在中餐宴会上手足无措，甚至还会犯基本的礼仪错误，这会让女孩在众人面前颜面尽失，也是一个女孩没有修养的表现。

朱红是一名刚毕业的大学生，毕业以后，她很幸运，很快就找到了一份日企的工作。工作中，她也一直很卖力，就是为了能在公司有晋升的机会，可是一次小小的失误让她在公司几百人面前颜面尽失。

这家日企的老板对中国菜很喜欢，几乎是痴迷，而每次公司宴会也是以中餐为主。在朱红到公司两个月以后，老板就提议要办一次宴会。

朱红对这次宴会并没有在意，因为她早打听了是中餐。那天，老板带着公司员工来到了事先定好的饭店。菜一次上齐后，朱红就随便坐了下来。这时，主管提示她："这不是你的位子，这是部门经理的，你应该坐那边！"朱红倒说："真麻烦，哪里不都一样？"幸好那个部门经理很有涵养，就说是啊，哪里都一样！而接下来，朱红犯了更严重的错误，她素来吃饭不雅，吃饭的时候居然发出很大的声音，叭咂着嘴，好多女同事都在笑话她，她还不知道。这时候，老板用不流利的中文说："吃饭是不能发出声音的，这不雅！"朱红这才意识到自己犯了礼仪错误，大家顿时被老板的话逗笑了，而朱红羞愧难当。

中餐餐桌上尽显女孩的素质和涵养，朱红没有对这件事引起足够的重视，就在公司众人面前丢了面子，她给同事的感觉是一个没有修养的女孩。可见，中餐礼仪的重要性。其实，中餐宴会上值得女孩学习的礼仪很多，大到座位的安排次序，小到果盘中牙签的用法等，而概括起来，大概有以下几个方面。

1. 正确使用餐具

中餐和西餐的一大区别就是餐具的使用，中餐使用的是筷子，而西餐使用的是刀叉。筷子的使用是中餐宴会上女孩要注意的地方，使用筷子，通常必须成双使用。以下一些筷子的使用方式是非常不礼貌的：拿着筷子犹豫不决夹哪道菜；用完筷子不将筷子放在筷架上，而架在碗碟上；用筷子在碗盘里翻找；在夹汤汁多的菜肴时用筷子抖掉汤汁；把筷子竖插在食物上面；用筷子敲打碗盘的边缘；一次性夹着多种菜肴塞到口中，这样的做法显得非常狼狈；已经用筷子夹起了食物，但是不吃又放回去；用舌头去舔筷子，不论筷子上是否残留着食物；拿着筷子相互摩擦筷尖；用筷子在汤碗中不断搅拌混合；用筷子将碗挪到自己面前；与人交谈时，一边说话一边像挥舞指挥棒似的挥舞着筷子，甚至用筷子指着别人，而不将筷子暂时放下。

以上是使用筷子时应该注意的，中餐的餐具还有杯、盘、碗、碟、匙等。女孩在使用这些餐具时，首先，切忌力度过大，要轻拿轻放，也不要发出餐具间的摩擦、碰撞声。其次，餐具的摆放一定要整齐，不可显出杯盘狼藉的样子。

2. 座次礼仪

除了餐具使用上的礼仪，午餐礼仪还有用餐时的座次礼仪。很多女孩以为只是吃顿饭而已，不必讲究，这其实是一种错误的想法，就座顺序体现着每个人的地位和身份，这是一种尊重。女孩要记住这些：左高右低：

当两人一同并排就座时，通常以右为上座，以左为下座。这是因为中餐上菜时多以顺时针为上菜方向，因此居右者比居左者优先受到照顾；中座为尊：三人一同就餐时，居中坐者在位次上要高于在其两侧就座之人；面门为上：倘若用餐时，有人面对正门而坐，有人背对正门而坐，依照礼仪惯例则应以面对正门者为上座，以背对正门者为下座；观赏为佳：在一些高档餐厅用餐时，在其室内外往往有优美的景致或高雅的演出，可供用餐者观赏，此时应以观赏角度最佳处为上座。

3. 仪容仪表

女孩的仪容仪表也是宴会礼仪的一部分，中餐宴会都比较正规，女孩切不可穿着随便，和宴会的气氛不容，这会让女孩成为整个宴会的"另类"，也会让人觉得女孩不懂规矩。无论天气如何炎热，也不能当众脱下外套。不可有很频繁的小动作，这会让人觉得女孩很不耐烦。

4. 餐后礼仪

餐后，一般的中餐宴会还会上水果，女孩切不可狼吞虎咽，不要把梨、苹果等稍大的水果整个拿着吃，这样很不雅。

女孩不能忘了宴会的最后一个礼仪，宴会结束时，要向宴会的主办人道谢，还要向参宴的其他人道别，不要宴会一结束就匆匆离开，这样显得很没礼貌和教养。

礼仪小贴士

以上这些是女孩在中餐宴会上应该注意的，女孩应该注意的礼仪还有很多，这要看宴会上的临时情况。总之，女孩要本着得体、大方的方式用餐，不可扭捏作态，不然就贻笑大方了。

优雅从容的西餐礼仪

随着中西文化的不断融合，西方越来越多的文化、风俗、习惯被引入中国。在异国文化的传播过程中，那些原来不被中国人所接受的饮食习惯逐渐成了一种潮流。而西餐就是其中引领时尚的潮流之一，许多女孩都渴望自己坐在华丽的西餐厅里，优雅地用刀叉切着五分熟的牛排。对她们来说，接受一种新鲜而又陌生的饮食习惯，似乎是一种挑战，更是一种展现自己美丽的机会。但是，也有不少女性认为吃西餐，不就是学好刀叉的使用就行了吗？实，像中餐一样，西餐也有自己的一套礼仪，西餐礼仪远比切牛排复杂得多。因此，掌握一些必备的西餐礼仪，才能使女孩在就餐时优雅从容、仪态万千。

婷婷是外语系的学生，在即将毕业的时候，她凭着自己过人的口语能力被聘请到一家外贸公司上班。最近，圣诞节快到了，为了替在中国的外国客户庆祝节日，公司决定举办一个大型的西式自助餐会，同时还邀请了不少外国客户以及公司的全体员工。

婷婷在这之前很少吃西餐，她是既紧张又兴奋，不料因为不熟悉西餐礼仪，在餐会上出了不少洋相。餐会一开始的时候，婷婷就兴奋地端起自己面前的盘子去取菜，等她吃得津津有味的时候，却发现同事都用那个盘子来装食物的残渣；她又为了节省自己去取食物的路途，从离自己最进的水果沙拉开始动起，但这时候同事们却在吃冷菜；因为婷婷的刀叉位置放得不正确，她还没有吃完就被服务员把菜收走了。

就这样，一顿饭吃下来，婷婷显得浑身不自在。

因为不熟悉西餐礼仪，婷婷闹出了不少的笑话。一般而言，吃西餐在很大程度上讲就是一种情调：大理石的壁炉、熠熠闪光的水晶灯、银色的

烛台、缤纷的美酒、优雅迷人的举止，这本身就是一幅令人陶醉的油画。因此，为了使你在吃西餐时举止更加优雅娴熟，花一些时间来熟悉这些西餐礼仪，是很有必要的。

快30岁的小洲是一家外企的白领，可谓事业顺利，但是婚姻大事一直是她的心病，过了30岁的女人可就推销不出去了，于是她的父母用上了老法子——相亲，这是最快的解决方法。

小洲的父母很快就找到了一个相亲的对象，对方也是一个白领，人长得好不说，还很有修养，小洲的父母一下子就看上了那个男孩。相亲当天早上，小洲打扮一番出门了，对方将地点定在了市里的一家顶级的西餐厅。

见了面以后，双方都很满意，算是一见钟情了。小洲的身边还没有过这么帅气的男孩，她一下子就喜欢上了他。随后，小洲就说自己饿了，要点菜。点了披萨以后，小洲加了一句："我要双层的！"男孩一看傻了眼，不过也没在意。用餐时，小洲切披萨的声音让对方很受不了，切着切着，小洲的那份披萨居然飞了出去，这时双方都很尴尬，于是男孩只好又点了一份。

整个就餐的过程男孩再没说一句话……

好不容易找到自己喜欢的对象，却因为自己没有注意西餐礼仪，让很有情调的氛围变得尴尬，让对方对自己的印象一下子跌入谷底，这不能不说是小洲的悲哀。

1. 就餐前准备

就餐前应该从椅子的右侧入座，就座之后，要端正自己的身体，手肘不要放到桌面上来，不要跷着二郎腿，也不要贴着餐桌。你与餐桌之间要保持一定的距离，以便于使用餐具，将餐巾对折轻轻地放在膝上，不要随便摆弄餐桌上摆好的餐具。

2. 刀叉的使用

当你在使用刀叉进餐时，应该从外侧往内侧取用刀叉，左手持叉，右手持刀；当你在切东西时需左手拿叉按住食物，右手持刀将食物锯切成小块，然后用叉子送进口中；使用刀的时候，刀刃不能向外；进餐的时候，如果放下刀叉并摆成"八"字形，刀刃朝向自己，这就表示自己要继续吃；暂停用餐时，可将刀叉相对着斜放在盘子的左右两边，服务员就不会撤走盘子；吃完一盘后，将刀叉平行竖放盘中，服务员会主动收去。

需要记住的是：千万不要拿着刀叉在空中挥舞摇晃，也不要一手拿着刀或者叉，一手拿着餐巾擦嘴，也不能一手拿着酒杯，一手拿着叉取菜。在任何时候，都要把刀叉放在餐盘里，而不是一端放在盘上，一端放在桌上。

3. 就餐礼仪

开始正式进餐的时候，每次送进口中的食物不宜过多，在咀嚼食物时不要与人说话；如果汤菜太热，可以稍等片刻，凉了之后再吃，喝汤时要用汤勺从里向外舀，喝完汤要把汤勺留在汤盘中；如果是吃鱼、肉等带刺或骨的菜肴时，不要直接向外吐，要用餐巾捂嘴轻轻吐出来放在盘里；如果盘里只剩下少量的菜肴，不要用叉子刮盘底，你可以用小块面包辅助食用；吃面条的时候，要先用叉子将面条卷起来，然后再送入口中。

食用面包的时候，要掰成小块送入口中，而不是拿着整块面包去咬。即便是在抹黄油或果酱时也要先将面包掰成小块。吃鸡的时候，应先用刀把骨头去掉，不要直接用手拿着吃；吃鱼的时候，不要将鱼翻身，要吃完上层后用刀叉将鱼骨剔掉后再吃下层；吃肉时，要切一块吃一块，块不能切得过大，或一次将肉都切成块。

🤝 礼仪小贴士

如果你能够熟练掌握以上西餐礼仪，那么你就可以成为油画里那个优

雅迷人的女孩了。当然，在具体的西餐宴会上，则需要灵活运用这些礼仪，这样才能使你在突发状况时随机应变、应付自如。

参加正式宴会的基本礼仪

无论在西方还是在中国，宴会都是职场社交活动中较常见的形式之一。参加宴会其实并不是一件简单的事情，也并不是穿上漂亮衣服就能够优雅起来的聚会，它有很多礼仪需要女孩学习，概括起来，大概有以下几个方面。

1. 应邀礼仪

当自己接到宴会邀请的时候，不管是请柬还是邀请信，是否出席需要尽早答复对方，这样便于主人安排。一般情况下，邀请信上注有"请答复"字样的，无论你出席与否，都应该快速答复。若是注有"不能出席答复"字样的，则不能出席的时候才答复，且要及时答复。

在答应接受邀请之后，不要随意改变注意。在实在不得已的情况下，如果你是主宾，应及早向主人解释、道歉，甚至亲自登门致歉。另外，在出席宴会之前，需要核实宴请的主人、宴会举办的时间以及地点、是否邀请了配偶以及宴会对着装的要求。

2. 掌握好时间

出席宴会，你抵达的时间迟或早，逗留的时间长或短，在一定程度上反映着对主人的尊重程度，而迟到、早退、逗留时间过短会被视为失礼或有意冷落。如果身份较高，则可以略晚到达，对于一般客人，应略早到达。而宴会结束后，需要主宾退席后再陆续告辞。

在出席酒会的时候，应在请柬上注明的时间内到达。在宴会进行中，如果有事需要提前退席，应该向主人说明情况后悄悄离去，或者提前打招

呼，届时离席。

3. 礼节性地祝贺

达到了宴会的地点，应先到衣帽间脱下大衣和帽子，然后前往主人迎宾处，主动向主人问好，如果是庆祝活动，应表示衷心的祝贺。若是参加家庭宴会，可以给女主人赠送少量的鲜花。

4. 宴会的座次

参加正式宴会，应听从主人的安排，如果桌上有桌签，一定要看清楚对号入座，切不可随意乱坐。可以先了解自己的桌次和座位，入座时应留意座位卡上是否写着自己的名字，如果旁边的是年长者，应主动协助他们先坐下。

5. 就餐时的仪态和举止

在入席的时候，要有优雅的风度与良好的仪态：一双手应该是干净的，头发应该梳得整齐，椅子摆放适当。身子坐直，双腿靠拢，两脚平放在地上，不可将两腿交叠，双手不宜放在邻座的椅背上，或把手放在桌上，更不要把双肘撑在餐桌上，这都是失礼之处。

就餐的时候，不管菜肴是否可口，都应该吃一些，表示尊重。进餐的时候自然大方、从容进食，不能狼吞虎咽、暴饮暴食，也不要过分地细嚼慢咽、扭扭捏捏，这样给人的感觉很做作。

当然，优雅女孩的吃相也应该是优雅的：咀嚼食物的时候应双唇合拢，不要发出很大的声音；进食要适中、适度；不要去夹离自己很远的食物；喝汤的时候不可啜饮，而应一口咽下。在餐桌上，如果控制不住要打喷嚏、咳嗽，应用手帕捂住口鼻，低头向一旁，尽量避免发出很大的声音，且轻声说"对不起"。

6. 就餐时言谈的礼仪

在西方人看来，宴会上需要保持安静，少说话，但是，并不是宴会上

不能交谈。一般情况下，宴会上的谈话应该是自由、随意的。但是，在交谈的过程中，还需要注意几个问题：如果你想与旁边的人说话，不宜用手碰对方；与旁边的人说话，不需要将自己背朝着另外一个人；不要隔着别人来进行两个人的交谈，如与餐桌对面的人交谈；嘴里在咀嚼食物的时候，不宜说话。在正式宴会上，说话不宜太多，口若悬河只会令人厌烦，要学会控制自己的情绪，不要就某个问题进行争论，也不要在餐桌上嘲笑别人。

7. 就餐礼仪禁忌

在使用餐具的时候，不要使用餐巾布或餐巾纸去擦拭，避免引起误会；给客人布菜的时候，一定要使用公众餐具；宴会结束后，不要当着别人的面拿走桌上的东西，包括烟酒、饮料、水果等。

礼仪小贴士

对女孩来说，了解一些宴会的基本礼仪知识，无疑是益处多多。另外，宴会也是人际交往中促进关系发展的重要手段，在参加宴会的过程中，足以让宾主之间的关系得到进一步发展，也能够通过参加宴会结识新朋友，扩大自己的交际圈和视野。

女孩在酒桌上的礼仪

通常情况下，参加正式的宴会，不管是中餐还是西餐，酒都是餐桌上不可缺少的东西，同时，在它身上也体现出一些美妙与神秘。其实，不论是国酒还是洋酒，良好的饮酒礼仪应该是尊重不同酒的文化，这是最重要的。在餐桌上，我们最常见的酒有白酒、啤酒、葡萄酒、香槟。另外，在某些宴会场合，还有威士忌等。虽然酒是男人的最爱，但若是缺少了女孩

的品尝，那美酒便是徒有虚名了。

那天，小柯去参加男朋友公司的聚会。本来打扮漂亮的小柯兴致勃勃，却没想因为一个饮酒礼仪的不当而使自己变得灰头土脸，沮丧极了。

由于聚餐的大多数都是中国人，于是，大家选择了中餐馆，点了一些白酒、啤酒，还有一些饮料。酒还没上桌的时候，小柯就很豪气地说："我可是酒桌上的女中豪杰，平时与好朋友聚会，就数我喝酒最厉害了。"顿时，男朋友的同事都睁大了眼睛，忍不住对她称赞了起来，一位同事还发出了挑战："行，一会儿咱们拼酒，看谁最厉害。"男朋友看了一眼小柯，面露不悦，但没说什么。

杯子里倒满了酒，按照酒桌上的规矩，应该是敬酒了。这时，坐在小柯对面的男士站起身来，双手举杯，说道："来，我敬你们二位，希望你们能够永远幸福。"小柯和男朋友也站了起来，那位男士放低了自己的酒杯，男朋友的酒杯放得更低，只有小柯一个人的酒杯端得高高的，男朋友用胳膊碰了碰小柯，示意她也放低酒杯，可正沉浸在酒劲里的小柯浑然不觉。等到酒下了肚子，坐了下来，男朋友才悄声对她说："敬酒的时候，酒杯要低于对方，这是尊重。"小柯脸红了，这时，她又发现自己鲜红的口红印在杯子的边缘上，她的脸更红了，头也低得很低。

敬酒是中餐宴会不可缺少的环节，尤其需要注重礼节。上面的例子中，在敬酒的时候，小柯将酒杯高高举着，这其实就是失礼之处，另外，还将脱色的口红印留在了酒杯上，这更是表现出对他人的不尊重。这些看上去很细节化的东西，却能显现出一个人的礼仪修养。比如，在某些宴会上，看见不少女孩举着葡萄酒干杯，或许，她们自己觉得这样的姿态很豪爽，但这其实是不妥当的。我们要记住：白酒的文化是干杯，而葡萄酒的文化却是品尝。

下面，我们就简单地介绍饮酒的基本礼仪。

1. 如何点酒

想必，大多数女孩对于酒并不是很熟悉，只有少数女孩才是品酒的专家。对此，点酒的时候不要冒充内行，在一些高级餐厅里，会有擅长品酒的调酒师拿酒单过来。如果你对酒并不太了解，不妨告诉他你挑选的菜色、预算、喜爱的酒类口味，请调酒师帮你挑选合适的酒。

2. 优雅地接受斟酒

当别人为你斟酒的时候，你也要表现出女性的优雅。如果是啤酒，你可以一只手握着酒杯，一只手扶在杯底，这样会显得比较优雅。若是葡萄酒，你可以将酒杯放在桌子上，等待酒倒好，不要用手去扶杯子，也不要把酒杯倾斜。如果你不需要，你可以简单说"不，谢谢"，或者用手稍微盖住酒杯，表示谢绝。

3. 祝酒礼仪

祝酒是餐会中的重要环节，对此，我们需要做好充分的准备工作。通常情况下，主人会向主宾敬酒，这时，作为宾客，应该了解主人的祝酒习惯，以便自己做好准备。而若你只是旁人，在主人与主宾祝酒的时候，你应该暂停进餐，停止交谈，注意倾听。碰杯的时候，主人与主宾先碰，如果人比较多则可同时举杯，不一定要碰杯，不宜交叉碰杯。

敬酒是一门学问，敬酒应该以年龄大小、职位高低、宾主身份为序，敬酒之前就需要考虑好敬酒的顺序，这样才不至于到时手忙脚乱。如果与不熟悉的人一起喝酒，需要打听对方的身份或者留意别人是如何称呼他的，这样有助于避免到时叫错名字而出现尴尬的场面。在接受主人的敬酒之后，需要找个适合的机会，回敬主人酒。

4. 喝酒的礼仪

喝酒并不是一饮而尽，而是倾斜着酒杯喝，就像是酒倒在了舌头上。你可以轻轻摇动酒杯，但不宜动作猛烈。在敬酒的时候，不宜将酒一饮而

尽，也不要边喝酒边看身边的人，更不要拿着酒杯边说话边喝。如果你擦了口红，不要将口红印在酒杯沿上。

如果你向别人敬酒，应该起身站立，右手端起酒杯，或者右手拿酒杯，左手扶住杯底，面带微笑，真诚地面对他人。若是别人向你敬酒，不一定要一饮而尽，只需浅浅地喝一口。如果你实在不会喝酒，也需要站起来，将杯口在嘴唇上轻碰，表示对他人的尊重。

那些将口红印在酒杯沿上的女孩，通常被认为是最没有礼貌的。如果你不想给别人留下这样的印象，建议你在参加餐会的时候，尽量不要使用脱色的口红，或者，在涂了口红后用纸巾轻轻按压，这样就不容易脱色。若是不小心将口红印了上去，应该及时擦净。

5. 饮酒礼仪禁忌

作为女孩，不宜通宵达旦、无节制地狂欢酗酒，也不能在酒席上与他人发生争执。在饮酒的时候要注意自己的举止，尽量做到"浅尝辄止"，千万不要因为自己酒量大，就失去了礼仪，失去了优雅。喝酒时不能发出声音，如果不小心碰倒了杯子，把酒洒得到处都是，也不要大喊大叫，只需请服务员过来帮忙收拾即可。

礼仪小贴士

对女孩来说，在某些场合浅尝饮酒，这已经成为一种时尚与文化。但在饮酒的时候，如果不了解酒的文化就会显得缺乏修养，甚至被人暗暗嘲笑。而优雅且掌握饮酒礼仪则体现了女孩的品位与修养，使女孩的魅力在酒桌上尽情释放。

第 07 章
信件礼仪，落落大方好知性

中国是有名的礼仪之邦，人们的社会交往和思想感情交流，大多通过一定的礼仪形式和一定的文化活动方式来进行。比如，传统书信、现代电报、传真、特快专递、电子邮件等。这些都包含着丰富的礼仪内容，极具民族浓厚的文化色彩。

传统书信的礼仪

2017 年，中央电视台的传统文化节目《朗读者》火热开播，在全国掀起了一股书信热潮。书信是一种向特定对象传递信息、交流思想感情的应用文书。"信"在古文中有音讯、消息之义，也有托人所传之言可信的意思。用语言文字向特定对象传递信息和进行思想感情交流的信，首先有运用文字述说事情原委和表达自己思想感情的能力，其次具备相应的书写工具，最后是有人进行传递。亲笔给他人写信，不但可以传达自己的思想感情，而且可以给对方一种"见字如面"的亲切感。

书信由笺文和封文两部分组成，笺文即写在信笺上的文字，也就是寄信人对收信人的招呼、问候、对话、祝颂等；笺文是书信内容的主体，书信的繁简、俗雅及其他方面的风格特征几乎都由内容主体决定。

而封文即写在信封上的文字，也就是收信人的地址、姓名和寄信人的地址、姓名等。封文是写给邮递人员看的，使邮递人员知道信从哪里来，寄往哪里去，实在找不到收信人，还可以将信退给寄信人。一封完整的书信应是笺文、封文俱全，且将笺文装入写好封文的信封内，然后将口封好付寄。

黛儿在一家电器销售公司担任推销部主任，虽然她已经在这个行业做了很多年，但是她压根无法喜欢上这份苦恼的工作。她总是向人抱怨："你

根本无法想象，我每天都在浪费时间。我必须向各地的经销商发出调查信，我想了解他们当地的销售情况如何。但是，这些该死的家伙却很少给我回信。这个回信率简直低得惊人，假如回信率能达到5%～8%，那就很不错了；如果能上升到15%，那我就感谢上帝了；假如能上升到20%，那简直是天大的奇迹。"

对此，有人建议黛儿去参加卡耐基所开设的培训课程，她抱着试试看的态度参加了，并希望自己真的能有所收获。当卡耐基听完黛儿的话之后，教给她一个小技巧："如果你在写信时，能够提出'帮一个小忙'，我想那些经销商是非常乐意给你回信的。"听了卡耐基的话，黛儿抱着试试看的态度写了下面这封信。

弗罗里达亲爱的某某：

我现在遇到一个难题，不知道你是否愿意帮助我呢？早在去年，公司就已经要求经销商把销售额的信件寄给我们，因为这是我们进行宣传所需要的资料。当然，我们会承担所有的费用。

先生，现在我已经给各地的经销商都发了信件，大部分的人都已经给我回信了，而且对我们这样的做法表示大力支持。今天早上，经理忽然问我最近几个月公司的销售额提高了多少，对此我不知道该如何回答。所以现在我请求您，希望您能够帮我一个忙，给我回复一下信件，这样我就可以向上司交差了。

如果您帮了我这一个小忙，我真的会从心底感谢您的。

推销部主任　黛儿致上

可以说，这封信是很有魅力的，在称呼上，她用了"亲爱的"，这个称呼一下子缩短了她与经销商之间的距离。在信开始的时候，她并没有以一名推销部主任的身份去命令别人给她回信，而是诚恳地说："请帮我一个忙！"

1. 合乎规范

书信写作规范突出地表现为两个方面：一是书写格式的规范；二是书信语言的礼仪规范。这两种规范都必须严格遵守，否则就会出乱子、闹笑话。

2. 言之有理，通情达理

"信"字本身含有信任的意思，这就要求书信不管写给谁看，所述之事都要实在，所表之情都要率真，所讲之理都要通达。

3. 书信结构

信件实际上是一种书面谈话，既然是谈话，就要先向谈话对象打招呼，打招呼要讲礼貌，接着要说两句对对方表示尊重的话；接下来要有几句应酬语自然地引出谈话的正题；再接下来才是正文；正文完了之后，还要说上几句结束谈话的应酬话；然后向收信人报自称并署名；最后写明写信的时间。

4. 语言得体

女孩写信时要避免俗话套话，而要态度端正，立意诚恳，述实在之事，多肺腑之言，少虚饰，勿卖弄。措辞得体，准确把握双方之间的关系，恰当地运用称谓及各种礼貌语言，语气要合乎身份，语言风格要适应对象特点。

礼仪小贴士

原来，写信有那么多讲究。对女孩来说，深谙书信礼仪是很重要的。尽管现代社会，即时通信的发展使得书信早已没有用武之地，但是，偶尔收到朋友寄来的带有墨香味的书信，依然非常惊喜。

书信的礼貌用词汇总

女孩学习中国传统书信礼仪，可以使人们在不能见面的时候，从字里行间体现出揖让进退。尽管现代社会很多人都不注重书信礼仪，但在我国港台、韩国、日本以及华侨地区，依然保留着最传统的书信礼仪，掌握基本的书信礼仪，不仅有助于提高个人文化礼仪素养，而且还有助于增进交流。

李雯学了这么多年中文，现在才发现她连一封信还都不会写，也不知道写信原来有这么多讲究。她平时很少写信，最多就是发个 e-mail，也不讲求格式，平时读到的名人书信中有些地方看不懂。

书信是一种礼仪和文化，学习书信礼仪可以增加个人修养和文雅气质。对女孩来说，了解书信礼仪是非常重要的，不过并不是说在现代社会中写信要完全照搬，太过于复古的东西需要改进，需要彼此都接受和认可的书信礼仪。

有一个学生给父母写信："敬爱的爸爸妈妈，我钱不够用了。"一点拐弯都没有，显得很不礼貌。应该先委婉问候一下，说"敬爱的爸爸妈妈天气暖和了，可是有的时候还很凉，一定要注意增减衣服，保重身体"等，然后再说"我的钱不够用了"。

下面是一些常用书信套语，以供借鉴。

1.提称语

父母：膝下、膝前、尊前、道鉴。

长辈：几前、尊前、尊鉴、赐鉴、道鉴。

师长：函文、坛席、讲座、尊鉴、道席、撰席。

平辈：足下、阁下、台鉴、大鉴、惠鉴。

同学：砚右、文几、台鉴。

晚辈：如晤、如面、如握、青览。

女性：慧鉴、妆鉴、芳鉴、淑览。

2. 祝愿语

父母：恭请福安 、叩请金安。

长辈：恭请崇安 、敬请福祉 、敬颂颐安。

师长：敬请教安 、敬请教祺、敬颂海安。

平辈：顺祝。

3. 署名

对长辈：叩禀 、敬叩 、拜上。

对平辈：谨启、鞠启、手书。

对晚辈：字示、白谕。

4. 结语

书短意长，不一一细说。

恕不一一细说。

不宣、不悉、不具、不备、不赘。

书不尽意。

不尽欲言。

临颖不尽。

余客后叙。

5. 请对方回信

万望不吝赐教。

敬祈不时指政（正）。

敢请便示一二。

尚祈便中见告。

6. 答复对方询问

辱蒙垂询，略陈固陋，聊博一粲而已。

远承下问，粗述鄙见，尚希进而教之。

上述陋见，难称雅意，亟祈谅宥。

姑道一二，未必为是，仅供参考。

不揣冒昧，匆此布臆，幸勿见笑。

7. 请人应允

所请之事，务祈垂许。

以上请托，恳盼慨允。

诸事费神，伏乞俯俞（允）。

8. 表示关切

海天在望，不尽依迟（依依思念）。

善自保重，至所盼祷。

节劳为盼。

节哀顺变（用于唁函）。

9. 表示感谢之情

多劳费心，至纫公谊。

高谊厚爱，铭感不已。

10. 祝辞

即颂近安。

此致敬礼。

祝你进步。

即颂、此致、祝你。

近安、敬礼、进步。

礼仪小贴士

现在写信的机会越来越少，大多数人都用 e-mail，但其实一些基本的原则，如书信的结构、敬语、称呼等，还是应该和传统书信一样的。学会写信是一种文化素质和个人涵养的最基本体现。

如何写好邀请函

邀请函是我们在邀请亲朋好友或知名人士、专家等参加某项活动时所发的请约性书信。在国际交往及日常的各种社交活动中，这类书信使用广泛。在应用文写作中邀请函是非常重要的，而商务礼仪活动邀请函是邀请函的一个重要分支，商务礼仪活动邀请函的主体内容符合邀请函的一般结构，由标题、称谓、正文、落款组成。不过要注意简洁明了，看懂就行，不要太多文字。

邀请函

尊敬的周总：

感谢您一直以来对本公司的关心和支持，使公司的业务蓬勃发展，目前公司已迁至新城区传媒大厦 9 楼，诚邀贵单位在本月 12 日参观公司新址，并赴本公司的庆典午宴。

重庆首度文化传媒有限公司

2017 年 9 月 12 日

这是一则搬迁邀请函，通常比较正式的邀请函主要运用于商务活动中，是活动主办方为了郑重邀请其合作伙伴（投资人、材料供应方、营销渠道商、运输服务合作者、政府部门负责人、新闻媒体朋友等）参加其举行的

活动而制发的书面函件。

邀请函

尊敬的 ×× 先生 / 女士：

过往的一年，我们用心搭建平台，您是我们关注和支持的财富主角。

新年即将来临，我们倾情实现网商大家庭的快乐相聚。为了感谢您一年来对阿里巴巴的大力支持，我们特于 2006 年 1 月 10 日 14∶00 在青岛丽晶大酒店一楼丽晶殿举办 2005 年度阿里巴巴客户答谢会，届时将有精彩的节目和丰厚的奖品等待着您，期待您的光临！

让我们同叙友谊，共话未来，迎接来年更多的财富，更多的快乐！

阿里巴巴

2006 年 1 月 1 日

邀请函体现了活动主办方的礼仪愿望、友好盛情，反映了商务活动中的人际社交关系。这时可以根据商务礼仪活动的目的撰写具有企业文化特色的邀请函。通常来说，商务礼仪活动邀请函的文本内容包括邀请函的主体内容和邀请函的回执两部分。

当然，我们在撰写邀请函时还需要注意以下几个问题。

1. 标题

标题可以写成"邀请函"三个字，或者是"活动名称＋邀请函"。需要注意"邀请函"三个字是完整的文种名称，与公文中的"函"是两个不同的文种。所以一般不会拆开写，如"邀请 ×× 函"。

2. 称呼

在邀请函里，称呼的写法为"敬语＋姓名＋后缀"，敬语如亲爱的、尊敬的，后缀如先生、女士等，这样的邀请函是发给个人的。还有的邀请函是发给公司的，一般写的是"公司全称"。如果媒体或报刊上公开发布的邀请函没有明确的对象，可省略称呼，或以"敬启者"统称。

3. 正文

通常邀请函的正文要先交代活动的背景、目的，然后注明具体活动，如活动的时间、地点、名称等，接下来写邀请语，如"特此邀请您参加"。最后，写上敬语。

4. 落款

落款注明举办单位并盖章，写明具体的邀请时间。

5. 注意问题

被邀请者的姓名应写全，不应写绰号或别名；在两个姓名之间应该写上"暨"或"和"，不用顿号或逗号；应写明举办活动的具体日期（几月几日，星期几）；写明举办活动的地点。

礼仪小贴士

邀请函作为一种礼仪性文书，女孩在日常工作中也经常用到。一份好的邀请函，可以提高邀请人或单位在被邀请人心目中的地位。

电子邮件的发送礼仪

现代社会，电子邮件已经取代了传统书信。据悉，互联网每天传送的电子邮件已经达到数百亿封，但是至少有一半是垃圾邮件。在商务交往中尊重一个人，首先就要学会为他节省时间。女孩需要记住，电子邮件礼仪的一个重要方面就是替对方节省时间，只把有价值的信息提供给需要的人。

有一次，EMC 大中华区总裁陆先生回办公室取东西，到门口才发现自己没带钥匙。此时他的私人秘书瑞贝卡已经下班。陆先生试图联系秘书，但联系不上。几个小时后，陆先生难抑心中的怒火，在凌晨通过公司内部

电子邮件系统给秘书发了一封措辞严厉且语气生硬的"谴责信"。

陆先生在邮件里写道："我曾告诉过你，想东西、做事情不要想当然！结果今天晚上你就把我锁在门外，我要取的东西都还在办公室。问题在于你自以为是地认为我随身带了钥匙。从现在起，无论是午餐时段还是晚上下班后，你要跟你服务的每一名经理都确认无事后才能离开办公室，明白了吗？"当然，英文原邮件的口气比译文激烈得多，而陆先生在发送邮件时还传给了公司几位高管。

面对大中华区总裁的责备，秘书瑞贝卡两天后回了一封邮件：首先，我做这件事是完全正确的，我锁门是从安全角度上考虑的，如果一旦丢了东西，我无法承担这个责任；其次，你有钥匙，你自己忘了带，还要说别人不对。造成这件事的主要原因都是你自己，不要把自己的错误转移到别人的身上；你无权干涉和控制我的私人时间，我一天就8个小时的工作时间，请你记住中午和晚上下班的时间都是我的私人时间；从进EMC的第一天到现在为止，我工作尽职尽责，也加过很多次的班，我也没有任何怨言，但是如果你要求我加班是为了工作以外的事情，我无法做到；虽然咱们是上下级的关系，也请你注重一下你说话的语气，这是做人最基本的礼貌问题；我要在这强调一下，我并没有猜想或者假定什么，因为我没有这个时间也没有这个必要。

秘书瑞贝卡咄咄逼人的回信已经让人吃惊了，而且她让EMC大中华区的所有人都收到了这封邮件。虽然对她私人而言，这是很解气的做法，不过一封邮件抄送那么多人显然会造成不和睦，这种做法对当事人没有任何好处，没有人会接受。瑞贝卡大相径庭的做法，最终为自己在网络上赢得了"史上最牛女秘书"的称号。

正确的电子邮件礼仪应该是：同样用英文写一封回信，解释当天的原委并接受总裁的要求，语气要温婉有礼。同时给自己的顶头上司和人力资

源部的高管另外发邮件说明，坦承自己的错误并道歉。

邮件与私人信件有很大区别，这是一个职场邮件礼仪的问题。

1. 主题

邮件主题是收件人了解邮件的第一信息，所以应提纲挈领，使用有意义的主题，这样可以让收件人快速了解邮件内容并判断其重要性。

一定不要空白标题，这是最失礼的。标题要简短，不宜冗长；标题要能反映文章的内容和重要性，切忌使用含义不清的标题，如"王先生收"；一封信尽可能只针对一个主题，不在一封信内谈及多件事情，以便于日后整理。可适当使用大写字母或特殊字符（如"！"等）来突出标题，引起收件人注意，但应适度，尤其不要随便就用"紧急"之类的字眼。

2. 称呼与问候

俗话说得好，"礼多人不怪"，礼貌一些，总是好的。恰当地称呼收件人，拿捏尺度。邮件的开头要称呼收件人。这既显得礼貌，也明确提醒某收件人，此邮件是面向他的，要求其给出必要的回应；在存在多个收件人的情况下可以称呼"大家"。如果对方有职务，应按职务尊称对方，如"×经理"；如果不清楚职务，则应按通常的"×先生""×小姐"称呼，但要把性别先搞清楚。E-mail开头、结尾最好有问候语。最简单的开头写一个"Hi"，中文的写个"你好"；结尾常见的写个Best Regards，中文的写个"祝您顺利"之类的也就可以了。

3. 正文

E-mail正文要简明扼要，行文通顺。最好不要让人家拉滚动条才能看完你的邮件，千万不要啰唆。注意E-mail的论述语气。根据收件人与自己的熟络程度、等级关系；根据邮件是对内还是对外性质的不同，选择恰当的语气进行论述，以免引起对方不适。

尊重对方，"请、谢谢"之类的语句要经常出现。E-mail正文多用

1234 之类的列表，以清晰明确。 一次邮件交代完整信息。最好在一次邮件中把相关信息全部说清楚、说准确。不要过两分钟之后再发一封什么"补充"或者"更正"之类的邮件，这会让人很反感。

尽可能避免拼写错误和错别字，注意使用拼写检查。这是对别人的尊重，也是自己态度的体现。合理提示重要信息，不要动不动就用大写字母、粗体斜体、颜色字体、加大字号等手段对一些信息进行提示。合理的提示是必要的，但过多的提示则会让人抓不住重点，影响阅读。合理利用图片、表格等形式来辅助阐述。 不要动不动使用笑脸字符之类的符号，在商务信函里面这样显得比较轻佻。

4. 附件

若邮件带有附件，应在正文里面提示收件人查看附件；附件文件应按有意义的名字命名，不可用看不懂的文件名；正文中应对附件内容做简要说明，特别是带有多个附件时；附件数目不宜超过 4 个，数目较多时应打包压缩成一个文件；如果附件是特殊格式文件，应在正文中说明打开方式，以免影响使用；如果附件过大（不宜超过 2MB），应分割成几个小文件分别发送。

5. 结尾

每封邮件在结尾都应签名，这样对方可以清楚地知道发件人的信息。签名信息不宜过多。电子邮件末尾加上签名档是必要的。签名档可包括姓名、职务、公司、电话、传真、地址等信息，但信息行数不宜过多，一般不超过 4 行。你只需将一些必要信息放在上面，对方如果需要更详细的信息，自然会与你联系。

引用一个短语作为你签名的一部分是可行的，如你的座右铭，或公司的宣传口号。但是要分清收件对象与场合，切记一定要得体，不要只用一个签名档。对内、对私、对熟悉的客户等群体的邮件往来，签名档应该

进行简化。签名档文字应选择与正文文字匹配，简体、繁体或英文，以免成出现乱码。字号一般应选择比正文字号小一些的。

礼仪小贴士

一封电子邮件就能看出一个人为人处世的态度，当女孩在发电子邮件时，要想收信人会怎样看这封邮件，你想表达什么给对方，或者站在对方的立场考虑。同时勿对别人的回答过度期望，当然更不应对别人的回答不屑一顾。

电子邮件的回复礼仪

当我们收到别人的邮件后，需要及时回复，尤其是收到重要邮件后，应即刻回复对方，因为这是对他人的尊重。一般而言，理想的回复时间是两个小时内，尤其是对一些紧急重要的邮件。

我们对每一份邮件都立即处理是很占用时间的，对于一些优先级低的邮件可集中在一些特定时间处理，不过一般不要超过 24 小时。假如事情比较复杂，实在没办法及时确切回复，那至少应该及时回复说：已收到，我正在处理，一旦有结果就会及时回复，等等。女孩应该记住，及时对收到的邮件做出回应，哪怕只是确认一下收到。假如正在出差或休假，应设定自动回复功能。

1. 情绪高涨时避免回复

人们习惯于面对面的口语传播，脸部表情与身体语言都会辅助沟通。不过，我们在使用电子邮件缺乏这些看得到或听得到的辅助，容易造成误解。所以，当我们收到邮件引发自己情绪高涨的时候，应等心情平静后再

看一遍，恢复正常心情时，解读邮件内容的方式或许全然不同。

2. 针对性的回复

女孩在回件答复问题时，尽量把相关的问题抄到回件中，然后附上答案。别太简单，这样会显得较为生硬，应进行必要的阐述，让对方一次性理解，避免反复交流，浪费时间。

3. 回复不得少于 10 个字

当对方发来一大段邮件，你却只回复"是的""对""谢谢""已知道"等字眼，这是十分不礼貌的。

4. 谨慎处理恶意的邮件

对那些恶意中伤或会引起争端的邮件应谨慎处理，避免因中计而造成连锁反应。应对这些邮件最好的方法就是忽略。离开邮箱，继续过自己正常而理性的生活。

5. 准确分清对方的建议与意见

当我们收到对方的电子邮件，应该分清对方是表达看法、提出建议，还是针对某个问题有一些意见。只有准确理解这个问题，才能恰当地回复来信。

6. 别对某个问题做多次讨论

假如收发双方就同一个问题的交流回复超过 3 次，这只能说明双方交流不畅，说不清楚。这时应该采用电话沟通等其他方式进行交流后再做判断。对于比较复杂的问题，多个收件人频繁回复，发表看法，将导致邮件过于冗长笨拙而不可阅读。

7. 未经同意别将他人信函转发给第三者

如果要把他人的来信转发给第三者，需要先征询来信者的同意，否则就犯了网络礼仪的大忌。对来信者而言，邮件内容是针对收信者所撰写的私人信函，不一定适合他人阅读。

8. 区分单个回复和全部回复

若只需要单独一个人知道的事，单独回复给一个人即可。若对发件人提出的要求做出结论，应该"全部回复"，让大家知道，不要让对方帮助你完成这件事。若对发件人提出的问题不清楚，或存在不同的意见，应与发件人沟通，不要当着所有人面，不停地回来回去，与发件人讨论。彼此私下讨论好了再告诉大家，别向上司频繁发送没有确定结果的邮件。

9. 避免无谓的回复

为了避免无谓的回复，浪费时间，可以在回复邮件中指定部分收件人给出回复，或在文末添加以下语句："全部办妥""无须行动""仅供参考，无须回复"。

💟 礼仪小贴士

当然，女孩在回复邮件时，不妨思考一下：为何不拿起电话与对方聊聊或约个时间当面沟通。毕竟，电子邮件的沟通缺乏太多人类熟悉的沟通辅助，如表情、肢体语言等。即便使用电话，状况也会完全不一样。

第 08 章

电话礼仪，如沐春风展魅力

电话被现代社会认为是最便利的通信工具，在日常生活中，人们通过电话可以粗略判断对方的人品、性格，所以对女孩来说，掌握正确的、礼貌待人的打电话方式是十分必要的。

电话沟通，也有要遵守的程序

在电话中交流与平时闲聊不一样，电话具有的主要是通知和沟通的功能，应该像书面书写或者正式场合的见面一样，要有一个规范的程序，至少讲话时要使用规范的语言，使电话沟通能变得简明、顺畅，给对方留下一个干练的印象。

怎样使用电话进行快速有效的交流呢？必须遵守电话的使用规则。

1. 选择合适的时间

当女孩准备给某人打电话的时候，首先应该确定一下这是不是合适的打电话时间。如果你是因为工作关系，给某位客户打电话，那就需要在白天上班的时间打；如果你是私人电话，除非是非常紧急的事情，应该白天 8 点之后，周末时间应该推迟到 9 点以后，晚上则要在 9 点之前。晚上 9 点以后最好不打私人电话，以免打扰对方的睡眠。一般来说，中午也不是打电话的合适时间，因为有的人有午睡的习惯。

2. 打电话确认对方身份

打电话时需要再一次确立对方的身份，你应该说："请问，您是某某先生吗？"或"请问，这是某某的家吗？"等得到肯定之后，再与之说明打电话的原因。如果你打错了电话，应该马上向对方致歉。除了"煲电话粥"外，一般通话时间不宜过长，以免影响对方工作。在与对方结束通话

后，应该先等对方挂断电话以后，再把话筒轻轻地放下。

3. 接电话做好自我介绍

接起电话首先要明确身份，在简单的"您好"之后，可以简单介绍说这里是某某公司，告诉对方你的身份同时确定对方的身份。如果是私人电话，最好能告诉对方自己的名字和与对方的关系，否则如果对方不熟悉你就麻烦了。

接电话时做好自我介绍不仅有利于通话的顺利进行，也是一种礼貌的行为。

4. 寒暄客套

确定了通话双方以后，最好客套一两句，如"打扰您了"或者"很高兴能与您通话"之类的话语，客套时间不要过长，否则很容易引起对方反感。如果是电话推销或者进行比较长时间的通话，可以先问一下对方有没有时间或者是否方便。如果对方正有一个重要会议，你却在电话里东拉西扯，即使仅仅耽误一分钟，对方也会不高兴。

5. 说正事要尽量简单明了速战速决

电话用语一定要言简意赅，把需要陈述的内容用最简洁明了的语言表达出来，可以给人留下一个精明干练的印象。即使打私人电话也要尽量先说正事，再沟通感情，让对方对你的"正事"先有一个印象，切忌说话吞吞吐吐、含糊不清、东拉西扯，语言要凝练，表达要明确，不要加一些"嗯""啊"之类的助词，或者说些套话。如果在电话里说不清楚，或者需要占用过多时间，最好先电话通知一下，然后告诉对方用电子邮件详述或者见面时候再详谈。

电话一般只起通知、邀约、无分歧沟通、小请求的作用，通话的时间不宜过长，一般以 3 ~ 5 分钟为好。有分歧的沟通或请求最好不要通过电话进行，这也是对别人的一种尊重。

如果是私人电话，不妨再加上一两句联系感情的话，避免对方以为你打电话就为了说事，过于无情。如无必要，最好不要用电话长时间聊天，即使是亲人朋友也是如此。

6.电话道别

在说"再见"之前，最好有一个暗示或者预警，如"就这样""某日几点在哪见面，然后再详谈，您看这样好吗？""这次通话很愉快""请您转达，谢谢"，这些话是通话结束的信号，也是对对方的尊重。总之，最好不要说完事直接挂断电话。

礼仪小贴士

电话交流讲究的是效率和明朗，最好能在打电话前做一些准备，如果对方在电话中说不明白，女孩可以直接用询问的方式，把重要事情弄清楚，总之，不要啰唆和拖沓。

巧妙问候，令人耳目一新

千篇一律地以"您好"为开头的电话问候未免单调，在电话中"巧妙"地问候可以为女孩的电话语言增色，还可以加强沟通效果，增进两个人之间的感情，现在就介绍一下在电话中如何恰到好处而简洁分明地问候对方。

1.遵从自己的身份角色

无论是公务性、商务性还是私人电话，都要遵从自己的身份角色。

公务电话一定要加强服务意识，遵从职业角色，很多单位对接听电话如何问候、打招呼有严格的规定，如果本单位有接听电话规定，就要严格执行。例如"您好，这里是联想服务热线，某某号某某竭诚为您服务"，

训练有素的职业问候会让拨打电话者感到信赖。宾馆饭店、会所、售后客服等，也都有类似的接听问候规定，按照规定问候即可。

如果是商务性质的电话问候，语气一定要放轻松随意些，"你好"或者"下午好"是不错的开场白，没必要过于郑重地用"您"这个尊称，或者太过正式，否则使客户如临大敌，就得不偿失了。

私人问候最好问候对方的身体健康状况，表达自己的关心，可以更随意一些。比如，"嗨，某某""最近还好吗""一切都顺利吗？"等问候方式，既显得亲切随意，又可以表达出自己的关怀、熟络之意，更适合自己朋友的身份。

2. 对象不同用不同的问候语

如果是跟家里人、同事或者熟悉的朋友打电话，最好不要一板一眼地说"你好"，以免显得过于生疏或不欢迎对方。而可以用多种方式来问候，如给好朋友家里打电话，如果是对方的男朋友接的，自己与他也比较熟，那就可以说"姐夫好"，或者直呼其名"某某啊，安安在家吗？"更加自然顺畅，熟不拘礼。

另外，如果关系到求人帮忙或者与职务较高的人打电话问候，就不妨用职务问候，如"马科长好""李经理，您忙着呢"等，能体现自己的尊重，更能讨对方高兴。

3. 不同时间可变换不同的问候语

除了普遍的"你好"外，还可以根据时间的不同进行问候，早上 7～10 点可以问声早安，10～12 点问上午好，12～14 点问声中午好，14～18 点可以问下午好，18～21 点问声晚上好。早上 7 点以前，中午 12～14 点，21 点以后，如果没有急事，最好不要再给对方打电话，以免打扰他人的私人时间或隐私，当然私人电话除外。

如果在特殊的节日，问候可以变得更多样，如"圣诞快乐""春节好"

等。

4.通报自己的姓名或身份

问候完"你好"之后，应该马上通报自己的姓名或身份，以免给对方造成困扰。通报姓名也有窍门，如果对方和你比较熟悉，可以直接报出自己的名字，如我是某某；如果对方对你的名字不熟，就要通报身份，如我是你肖阿姨；如果对方对你的身份和名字都不熟悉，就要通报与他熟悉的人的关系，如"我是某某的爱人""我是你妈妈的好朋友"等，对方才不会因反应不过来而造成困扰。

礼仪小贴士

问候时一定要热情、诚恳，让对方感觉到你的诚意。因此语气、语调一定要适中，不要过于大声（除非是老人）或者有气无力，否则对方会认为你心不在焉或过于勉强，让讲电话的人不舒服，沟通效果自然也会打折扣。

注重细节，尽显电话的礼仪之态

接电话就如同听收音机，那打电话就如同电台广播，你的紧张、压抑、心不在焉、粗鲁无礼其实都可以通过自己的声音表现出来，如果不相信就用心听一段广播，你甚至可以听出主持人是兴高采烈的还是心情有点不好，还是对信息都比较冷漠。

有很多女孩认为，自己在打电话的时候并没有与对方进行面对面的接触，自然不需要自己去注意一些社交的礼仪。其实，打电话虽然看不见对方，但是你的一些修养礼仪会通过你打电话的时间、说话的方式以及挂电

话的技巧显露出来。注重沟通的女孩，会在打电话的时候把细节做到滴水不漏，尽显自己高雅的修养和良好的礼仪之态。

小李是公司董事长的秘书，她每天都要处理很多纷繁复杂的琐事，要么是给董事长订机票，要么是给董事长约见面的客户，要么就是在办公室里收发文件。因为自己一天的工作比较多，所以她专门准备了一个便利贴，上面写满了每天的工作任务。

这天，董事长吩咐小李给分公司的肖总打电话约好周五的洽谈工作，当时小李没有把这件事情记在便利贴上，等到自己忙完了收发文件的工作，已经快到下班时间了。小李连忙拿起办公室的电话，正准备拨肖总的电话，突然想起来已经快到下班时间了，说不定这时候肖总已经离开办公室正准备回家了，这时候是不应该打电话的。可是一想到周五的洽谈工作，小李又拿起了电话，她做了个深呼吸，然后拨通了肖总的电话，电话响了两声就接了，里面传来了肖总的声音："您好，我是肖南，请问您有什么事？"小李面带微笑："您好，肖总，我是小李，请问您现在方便接听电话吗？"里面传来肖总温和的声音："正准备下班呢，小李，有什么事情吗？"小李悬着的心落了下来，解释道："嗯。实在是抱歉，都快下班了还打扰您。是这样的……"电话在愉快的氛围中结束了，肖总临挂电话前还夸奖小李工作尽职尽责。

小李打电话时表现出来的礼貌，使得她在快下班的时候成功地完成了自己的工作任务。如果小李没有掌握打电话的礼仪，也许肖总就不会有耐心听下去了，进而也会影响到小李的工作。

所以在电话中说话更要注意自己的礼仪，不要因为彼此看不到，就忽略某些礼貌，正是因为看不到，对方才更急于从你的说话态度、语音中揣测你的诚意和尊重。再者，当你打电话的时候，也许你身边就有人在注意你的电话仪态，继而揣测上次你接听他的电话时可能做了什么动作，你这

个人平时的彬彬有礼是不是装出来的，你是不是表里不一，等等。在讲电话时要遵循哪些礼仪呢？

1. 少说"喂"

很多女孩拿起电话，第一反应就是"喂"，最好不要这样，就算要确定是否接通，也最好用疑问的语气，即用升调说出来，而不要用降音调来讲，"喂"的降音调，有命令的语气，会引起别人的不满。接下来讲"您好，怎样怎样"。如果是给熟人的私人电话，不妨先问"谁谁吗？"再寒暄一番，上来说"您好"反而显得不够亲热。

另外，公务电话最好多用"您"，见不到反而更要尊重对方才更有礼貌。

2. 非私人对话最好不要用我是

如果是公司电话，最好用"这里是某某公司"，而不要用"我是某某公司的谁谁"，对方不会关心你是谁，关心的是你是哪家公司，你有什么事，有什么业务。

3. 多说礼貌用语

如果电话的那一头不是你想找的那个人，一定要说"请您帮我找一下某某"，而不要干巴巴地说"找某某"。

电话中也要多讲礼貌用语：您、请、贵公司、贵姓、谢谢您来电、再见，就算打错了电话，也要说一声"不好意思，打扰您了"，千万不能直接啪地挂掉，这是很粗鲁的行为。

4. 无论是打电话还是接电话都不要做小动作

讲电话的时候最忌一边讲电话，一边忙其他的事，如果真的有急事，不妨先让对方稍等，处理完"急务"再讲电话；如果是比较重要或处理时间比较长的事情，可以跟对方说清楚，然后告诉对方"我半小时以后再给您去电话"。或者"您过段时间再来电话好吗？"如果对对方不耐烦，不妨直接拒绝对方，"谢谢，我不需要"也不要随便对方在那边啰唆，你直

接无视对方。

5. 不要打断别人的话

在聆听的过程中最好不要打断别人的话，要在别人告一段落后，再请对方重复，或者提出疑问。需要查询或记录时，最好提醒对方"请稍等"然后再行动。

6. 私人电话中的礼仪

和朋友、亲人、爱人打电话时，往往会"熟不拘礼"，但也有一项最重要的礼仪，就是在打电话时不要再和身边的人说事情，即使是你们共同的朋友也不要，否则会引起对方不快。最好能在私人电话中加入一些关怀的话，会让对方更能感受到你的关心和情感。

礼仪小贴士

女孩在电话中一定要比平时见面时更注重礼仪，因为电话是一对一的。再者看不到就会更注重能听到和感觉到的，电话礼仪任何时候不能少。

电话接通后，不妨先寒暄几句

电话是一种非直接面对面的人际沟通方式，更需要一些活络感情的客套话来进行"润滑"，见面的话可能直接拍着肩膀地就上来聊天了，讲电话少了握手、拍肩等肢体语言的活络，要拉近距离，就一定要用"客套话"来预热一番。那么电话里的客套话一般都有哪些呢？在哪种恰当的时机下，怎样讲才更显得热情亲切，沟通无距离、无隔阂呢？

1. 电话一开始

接起电话，打完招呼后，不妨客套几句，比如"好久不见，你还好吗""晚

上好，久违了""很高兴接到你的电话""听到你的声音太好了""我一直在等你的电话""好久没你的电话了""能接到你的电话太好了""我正想着要不要打个电话给你，你的电话就来了""你倒比我抢先了一步""我前天刚给你打过电话，但没人接""我估计这几天你就该来电话了"等，诸如此类的客套话可以把别后或上次电话后的感情重新联络起来，这种情感的"预热"，可以消除距离的隔阂，更有利于接下来的沟通。

2. 如何在不方便的时间给对方打电话

有时候不得已必须在太早或者太晚的时间给对方打电话，这时一定不要忘了自己的歉意，如"对不起，这么晚打电话来""希望没有打扰到你""抱歉这种时候找你""希望这么早没吵到你"。跟熟人可以随便一点"还没睡吧，打扰到你了吗"。

这样带着歉意的话可以消除对方被打扰的不快，表现出的歉意同时也是自己尊重、信任对方的诚意。

3. 问候的话语

如果是熟人、私人电话，不妨多一些问候的词句"过年好""最近怎样""工作还顺利吗"，或者问候对方非常亲密的人"姐夫怎样""小侄子还好吗""伯母一向可好"，或者天气"我们这边下雪了，你们那边怎样？注意身体啊！"这类套语虽然俗套，但必不可缺，那代表的是你对对方的真诚关心和关注。如果对方最近有重大事情发生，不妨加上一两句"听说您病了，现在好点吗""听说您最近有点小麻烦，有什么需要帮忙的吗""刚听说你结婚了，恭喜啊"等显得两个人的关系更亲近。

4. 临挂电话前

不妨客套几句，暗示自己的电话将要结束，如"晚安""做个好梦""过些日子闲了聚一聚啊""过些时候再打电话""常联系""保持联络啊""有时间去拜访你""以后常来往"。如果是公务性电话，不妨加上"欢迎垂

询""交个朋友，以后联络"等客套语。临挂电话前最好能客套几句，不要以干巴巴的"再见"做结束语，否则会显得很没有诚意，也不够热情。

礼仪小贴士

打电话沟通，因为见不到面，看不到对方的表情，更要用语言表现出自己的热情和诚恳，就是所谓的"客套"，但客套话也不要过多，太多的客套话，会让对方认为你在敷衍自己，也不能显示两个人之间的亲近，可见电话中的客套话也要把握分寸，不要过度。

电话提问礼仪，引导话题走向

在电话沟通中，要学会引导话题的走向，才能获得你想要的信息，实现高效的沟通。很多人在打通电话、经过一番不痛不痒的闲侃之后，忘了自己的本意，只好再补充一个电话，或者被对方牵着鼻子走，一番长篇大论或无关紧要的争辩之后，无功而返。

怎样避免出现这种情形呢？打电话之前就要确定好自己的主题，话题要一直围着自己的主题转，更要善于引导对方，让对方的思路朝着自己预定的方向前进。

怎样引导对方？

若在私人电话中，引导话题的方式可以轻松随意一点，寒暄后可以这样导入话题"我听说……""就想问问……"或者"跟你说个事……"私人电话沟通，如果出现意见分歧，最好不要在电话中沟通，浪费时间，还伤感情，最好"见面闲谈"。

若在公务电话当中，找到你要的人后，马上告诉对方有什么事情需要

见面详谈，或者询问后续部分怎样处理，直接进入话题即可，不要吞吞吐吐、含含糊糊，反而显得自己不够大方。

而在营销电话中，导入话题是最困难的，客户有一种自然的排斥心理，要把握一定的沟通技巧，才能避免被对方牵着鼻子走。

1. 介绍自己及企业

首先，简单的招呼之后，清晰地说出自己的企业和名字，企业名称有一种隐约的话题导向，如保险公司肯定不会销售纸笔。有些客户一听公司名称，马上挂断电话，这种很少能成为潜在客户；相反，只要没挂断电话的，就对你的公司或你的目的有一点兴趣。

2. 道出拜访理由

介绍自己及企业后，要以自信的态度清晰表达出电话拜访的理由，这会让对方感觉到你的专业可信赖。无论是谈业务还是约见，是做调查还是介绍新的产品服务，一定要有一个详细、确定的理由，千万不要说是做某项调查的，最后却卖起产品来了，这会引起客户的反感。

3. 通过提问引导客户

最后用询问的方式引导客户的注意、兴趣及需求。

推销员提出什么样的问题，客户就会做出什么样的反应。问题能引导客户的注意力和兴趣。专业的电话销售人员总是倾向于向客户提问题，而较简洁地介绍自己的产品。选择哪些问题来询问更能引导谈话呢？问一些有利有效的问题，问一些能够引导客户思维方式的问题。

4. 选择不同的提问方式

开放式的问题，为了引导对方能开口而选定的话题，目的是了解对方。如果你想多了解一些客户的需求或真实想法，就要多提一些开放式的问题，如 "什么" "哪里" "告诉" "怎样" "为什么" "谈谈" 等。比如，在保险业务中提问 "您觉得自己缺少哪方面的保障？"

封闭式的问题，为引导谈话的主题而特别选定的话题，目的是知道确切答案。希望对方的回答在限定的范围。封闭式的问题经常体现在"能不能""对吗""是不是""会不会""多久"等疑问词之间。比如，对方回答"我需要考虑一下"，就可以这样询问对方，"方便知道多久之后您会答复我们吗？"

小李是一位大型机械设备厂的销售员，他曾经 5 次打破公司的销售记录，其中有 3 次他的个人销售量占全公司销售量的 50% 以上，他是怎么做到的呢？小李说自己成功销售的秘诀就是常常进行有针对性的提问，然后让客户在回答问题的过程中对产品产生认同。

小李说，自己在电话销售过程中经常会问这样一些问题：

您好！我听说贵公司打算购进一批机械设备，能否请您说明您心目中理想的产品应具备哪些特征？

我们公司非常希望与您这样的客户保持长期合作，不知道您对我们公司以及公司的产品印象如何？

您认为造成这些问题的原因是什么呢？

您可能对产品的运输存在着疑惑，这个问题您完全不用担心，只要签好订单，一个星期之内我们一定会送货上门。现在我想知道，您打算什么时候签署订单？

我很想知道贵公司在选择合作厂商时主要考虑哪些因素。

您是否可以谈一谈贵公司以前购买的机械设备有哪些不足之处？

如果我们的产品能够达到您要求的所有标准，并且有助于贵公司的生产效率大大提高，您是否有兴趣了解这些产品的具体情况呢？

如果您对这次合作满意的话，一定会在下次有需要时首先考虑我们，对吗？

礼仪小贴士

　　好的电话营销者善于提出问题，如我们常常接到推销保险的电话，结束寒暄后，对方往往会提出"您有保险吗？"如果回答有，对方可能接下去提问"是哪方面的，是大病的、意外的还是养老的？是消费型的还是分红型的？"

第 09 章
待客做客，面面俱到蕙质兰心

中国是文明古国、礼仪之邦，热情好客是中华民族的传统美德。当然，文明做客也是联络感情、增进友谊的好方法。不论是招待客人还是应邀做客，都有需要注意的礼仪，做一个热情的主人和受欢迎的客人。

精心准备，让对方宾至如归

当你邀请客人到家里来做客的时候，肯定会提前花上很多时间整理，还要用心地布置一番，而临时抱佛脚的用处没有你想象中的那么大，很多细节你可能并不会注意到。如果想给客人留下好印象，胜在精心准备，让对方宾至如归。

张先生借用朋友的豪华别墅庭园办了一场 Party，活动即将开始时，助理焦急自责地跑来跟他说："苹果不知道什么时候掉了一袋，剩下的可能不太够用，这里又离市区那么远，怎么办？"张先生没斥责她，仅轻声地问："有没有哪一种准备多一点的？"助理说："小点心准备得很多，应该还会有剩下。"张先生于是拍了拍助理的肩膀安慰她说："没关系，有我呢！"宴会开始了，大家都看到前头的苹果盘前放了一个小牌子，上面写着："上帝正在看着你，请别拿太多了！"大家不禁莞尔一笑，走到后头又看到放小点心的盘子前也立了一个牌子，上面写："不要客气，要多少拿多少，上帝正忙着注意前面的苹果呢！"来宾们都笑弯了腰，结果这场 Party 宾主都尽兴无比。

约定拜会事宜以后，主人即应着手进行必要的准备工作，以便使客人到访时产生宾至如归之感。主人先期需要准备的，主要包括以下内容。

1. 环境卫生

在客人到来之前，首先要清扫室内卫生，以便创造出良好的待客环境，借以完善个人的整体形象，同时体现出对客人的重视。此时，不要忘了"一屋不扫，何以扫天下"的古训。室内清扫的主要地点，应当是门厅、走廊、客厅、餐厅、阳台、卫生间等客人所必经之处。此外，对于门外、楼梯等公众共享空间的卫生，也要进行必要的清扫，不要只顾"自扫门前雪"。

2. 香熏蜡烛

客人走进门口，首先注意到的不会是家里的装修，而是屋子里的气味，这一点很多女孩都会忽略。你刚刚炸过鱼或者是给狗狗洗了澡，这些都逃不过客人的鼻子，所以在迎接客人前先给屋子通通风。也可以在屋子里点上香熏蜡烛，这样屋子里面会有淡淡的香味。

3. 鲜花装饰

无论什么场合，鲜花都是一个很好的装饰选择。为了达到更好的效果，建议选择盆栽鲜花或绿植，如果你能够妥善照顾它们，它们不会只是为了迎接客人而短暂存在，就算是没有客人，女孩的屋子里也应该有点绿色植物，这会让你的生活更加细腻。

4. 待客用品

有客来访之前，通常需要准备好必要的待客用品，以方便客人食用。一般情况下，必不可少的待客用品包括：饮料、糖果、水果和点心。它们被戏称为中国人款待客人的"四大主角"。这些物品通常在待客时必须备好、备足，不可遗忘。香烟。鉴于吸烟影响健康，所以在待客时可以少量准备一些，并相让于人，但是不要勉强对方。报刊、图书、玩具。这些可供客人以及孩子们玩耍开心之用。娱乐用品。有时间的话，宾主可以在一起进行娱乐活动，既可分享欢乐，又可加深友情。

5. 膳食住宿

一般情况下，接待来客时，均应为其预先准备好膳食，并且在会面之初便对对方表明已经安排好了膳食。这一点尤为重要，尤其是不要只顾自己用餐而不顾招待来客，让对方空腹而归。如果客人从远方赶来，则还需要为其安排住宿。若家中或本单位不方便留宿客人，事先一定要向对方说明。

6. 交通工具

接待远道而来的客人时，一定要注意交通安排。情况许可的话，最好主动为其安排或提供交通工具。为客人安排交通工具时，应做到有接有送。

礼仪小贴士

女孩在待客时需精心准备，不但来时要管，走时也要管。这样做，不仅方便了客人，往往也能体现出主人的待客之诚与善解人意。

迎送礼让，展现主人热情

作为客人，对主人态度是否热情是十分敏感的。一般情况下，在客人抵达之后，女孩所要做的头一件事，就是要向对方表示热烈欢迎。当客人告辞时，亦应热情相送。别以为进了门才是客人，事实上，当你邀请对方做客时，就应该注重迎送礼让，展现主人的热情。

有一次，赵王拜访赵州从谂禅师。当时禅师正在睡觉，他躺着对赵王说："大王！我已年迈，尽管你专门来拜访我，不过我实在没有力气下床接待你，希望你能理解。"听到这样的话，赵王不仅不生气，反而更尊重禅师。

第二天赵王派遣了一位将军送礼给禅师，禅师当即下床去客堂迎接。

没想到，这件事被赵王府上的一位仆人知道了，他为了在赵王面前邀功，当即生气地找禅师对质。禅师听说了，当时走出前门，迎接这位仆人。见到禅师，仆人就兴师问罪："前天赵王拜访你时，你怎么不下床迎接呢？一个将军送礼，你反而去客堂迎接？你是不是根本没把赵王放在眼里。"禅师听后笑了，当即解释说："我想你并不知道，我招待客人有上、中、下三个等级。"仆人很疑惑："哪三个级别？"禅师回答说："第一等人来时，我在床上用最真实的自己接待他；第二等人来时，我下床到客堂里用礼貌接待他；第三等人来时，我用世俗的应酬到前门去迎接他。"

中国的待客礼仪中，有一条古老的规矩，叫作"坐，请坐，请上坐"，由此可见待客时让座的重要性。处理这一问题时，要注意引领客人在"上坐"就座。落座之时，为了表示对客人的敬意，主人还应请客人先行入座。千万不要忘记让座，也不要让错了座。

在迎送礼让方面，女孩需要遵循以下礼仪。

1. 迎候

对于重要的客人和初次来访的客人，主人可亲自或派人迎接。迎候远道来访的客人，可在机场、港口、车站，或是其下榻之处恭候，事先应与对方沟通。对本地访客，宜在大门口、楼下、办公室或居所的门外，以及双方事先所约定之处迎接。对于常来常往的客人，虽不必事先恭候于室外，但对方到达时，也应立即起身，相迎于室外。

2. 致意

与来客相见之初，不论彼此熟悉与否，均应面带微笑，通过握手表达欢迎之意，并致以亲切的问候，注意态度要真诚。一般情况下，在现代社会的待客礼仪中，握手、问候与表示欢迎，被视为必不可少的"迎宾三部曲"。随意对此有所删减，都会有失礼貌。假如客人到来时，自己这里还有家人、同事或其他客人在场，主人应予以互相介绍。要是任其互不答理，

或是自行接触，则只能说明主人缺少礼貌、有失礼节。

3. 让座

客人到达门口后，主人应尽快将其让入室内，并安排其就座；若是把客人拦在门口谈个没完，客人会觉得不受欢迎。

4. 有序

有些时候，同一时间内访客较多。这时，需要注意井然有序。要注意两点：其一，注意待客有序。其二，注意一视同仁。所谓待客有序，是指在与客人握手、问候以及让座、献茶时，要注意先后顺序。一般的顺序是女士先于男士、长者先于晚辈、位高者先于位低者。越是正规的场合，越需要注意这一点。所谓一视同仁，则要求主人在接待多方来客时，在态度与行动上均要平等相待，不可有意区分远近、亲疏及贵贱。

5. 送别

告辞的要求通常由客人提出，这时主人应热情加以挽留。倘若客人执意要走，主人应起身相送。送行的地点也可有不同的做法供选择：对远道而来者，可以是机场、港口、车站或其下榻之处；若是本地来客，则应为大门口、楼下，或是其所乘车辆离去之处。至少也应将客人送至室外或电梯门口，否则就是失礼的行为。

与客人告别时要热情握手，并道以"再见"。若是再次会面机会小的来客，还应请其"多多保重"，并请其代向家人或同事致以问候。

通常当客人离去时，应向其挥手致意。当对方离开之后，主人方可离开。前往机场、港口、车站为来客送行时，对方所乘的交通工具若尚未开动，主人不可离开。

礼仪小贴士

迎送礼仪是女孩应深谙的最基本的礼仪之一。这一礼仪包含两方面内

容：一方面，对应邀前来的朋友，在他们抵达时，一般要亲自前去迎接；另一方面，待客结束后，要亲自欢送。

热情相待才是你的待客之道

对待客人热情、有礼貌是尊重客人的表现，是生活中文明礼仪的一个重要方面，也是一个人具有良好修养的表现。《桃花源记》里是这样形容热情待客的："便要还家，设酒杀鸡作食。余人各复延至其家，皆出酒食"。

彝家待客，真诚而大方。彝族谚语说："一斗不分十天吃，就不能过日子；十斗不做一顿吃，就不能待客人。"客人进门，酒是见面礼；不见血，不放归。所谓见血，就是宰杀家禽家畜。请客最隆重的，是用"四只脚"，即宰牛、羊、猪，次隆重的，是"两只脚"，即杀鸡。

当你踏进彝寨时，老老少少都会停下步子让在一边，要你先走，并主动问询："朋友，你去哪里？"你说了要拜访的人家，他们便热情指路。走到主人家门前时，主人全家会立在院坝等候，客人到达，就迎上前来亲热问候。客人进了屋，主人一家方按辈分而入。就座的方位很讲究，正屋火塘上方为客位，客人左侧坐男主人，右侧坐女主人，下方坐未成年的孩童。火塘四周铺有竹笆，是供席地而坐的。

彝族谚语说："无酒若隔九匹山，无肉只隔一叶草"，意即待客宁可无肉但不能无酒，所以酒是公认的待客佳品。无论春夏秋冬，凡客人进门坐定后，主人首先敬上一杯酒，然后便以酒代茶，一直喝到客人告辞。

客人正饮酒时，屋外会传来猪、羊的叫声。彝族同胞请客，一定得待客人来后才从圈里拉出牲畜宰杀，以表示这是专为招待客人的。彝族待客也个"客先主后"的规矩，即客人吃好了、离去了，主人才吃。

在彝家做客，不仅酒好菜好，而且主人周到热情，而客人接受了主人的盛情款待行将告辞时，主人家往往还要送上半边猪脑壳或一块羊扇子骨。按彝家规矩，如果客人走时主人不送这些，便说明猪、羊不是专为客人杀的，客人只是跟着吃了顿肉而已。

在待客之时，主人要热情周道。这一要求达到了，就会让客人更能感觉到主人是真心实意欢迎自己的。对客人热情相待，女孩应记住下面三个原则。

1. 以客人为中心

客人来拜访时，客人就是主人的"上帝"，待客就是主人的"工作重心"。因此，在接待客人时，一定要真正做到时时、处处、事事以客人为中心，不可冷落、冷淡甚至忽视客人。

接待来访的客人时，爱答不理，闭目养神，大打呵欠，看电视、听广播，忙于家务，打起电话没完，与家人大聊特聊，甚至抛下客人扬长而去，只能说明主人心不在焉，是一名不合格的主人。

2. 兴致盎然

在宾主相处之际，相互之间自然要进行必要的交谈以便加强联系。主人除了认真对待外，还要扮演一个称职的"主持人"和最佳的听众。作为"主持人"，主人需要为宾主之间的交谈引起话题或寻找话题，而不能使大家相对静坐，出现冷场局面。当客人之间的交谈不甚融洽时，主人要及时调整话题。作为听众，主人则需要在客人讲话时洗耳恭听，表示对此抱有浓厚的兴趣，让对方觉得遇到了知音。在任何情况下，主人都不宜使宾主之间的交谈冷场，或是对客人的谈吐明显地表现出毫无兴致。

3. 主次分明

在接待客人的过程中，客人即为主人活动的中心。主人的私人事务一般均应让于客人接待这一工作中心，这是待客时主次分明的首要要求。待

客时主次分明的第二个要求，则是指在待客之时，此时此刻正在接待的客人，应被视为主人最重要的客人。也就是说，对于后到的客人，既要接待，又不可忽视当前正在招呼的客人。一般情况下，尽量不要让重要的客人同时到场。如果碰到这种场景，可以将他们合并在一起进行接待，或是先请他人代为接待一下后到的客人。

🤝 礼仪小贴士

女孩需要记住，对客人要热情相待。亲戚朋友来做客，礼貌热情来招待。端茶送水说请用，客人离去送门外。待客注意礼当先，告别需要说再见。

女孩要深谙拜访之礼

拜访是人与人之间交往的一个重要途径，通过拜访可以增进相互之间的情感和了解，拉近彼此的距离。一般说来，拜访也有很多目的，有的拜访纯粹是为了增进朋友之间的友谊，有的拜访是为了对主人有所求，有的拜访则是为了显示出自己的尊重。虽然，拜访的目的有众多，但是拜访的礼仪却大同小异。对女孩来说，拜访可能会成为生活、工作中一个常见的交际方式，有可能你会拜访未来的婆婆，有可能你会拜访好久没有见到的朋友，有可能你会因为工作关系拜访一个顾客。如果你在拜访过程中不注意一些礼节问题，在别人家里显得很随便，这会使你的形象大打折扣。因此，要想做一个礼仪女孩，就要通晓一些拜访的礼仪，以此获得主人的认可。

小李这个周末去拜访男朋友的父母，由于之前小李已经见过对方，所以她对这次拜访显得不太热心。

到了周末，她意外地接到了好朋友的电话，于是她和朋友一起出去逛

街了，完全把去拜访未来公婆这事情给忘了。等接到男朋友的电话，她还在商场里逛得不亦乐乎，她一听匆忙地从商场出来，来不及回家就打的赶往男朋友家。

来到男朋友家门口，她还气息未稳就使劲按起了门铃，男朋友把门打开，惊讶地看着她。她来不及问候男朋友的父母，就放下自己的包，急忙跑进了卫生间。坐在客厅里的男朋友父母显得有点不悦，来迟到了已经很算失礼了，连声招呼都没有。不一会儿，从卫生间出来的小李对坐在客厅的男朋友父母喊了声："叔叔，阿姨。"就一头跑进了男朋友的房间，玩起了电脑，而她的男朋友则陪着妈妈在厨房里忙活。坐在客厅看电视的男朋友父亲看着在房里玩得高兴的小李，立即面露不悦之色。

小李自认为已经见过了男朋友的父母，所以她对正式拜访不太热心。其实，恰恰是她在男朋友家里表现出极为不礼貌的行为，使得她与男朋友的父母之间关系已经出现了隔膜。我们不难猜想以后双方的关系会进行怎样的发展，事实上小李的失礼已显露出了自己的修养礼仪，也会模糊男朋友父母对她以前的评价。

下面我们就简单地介绍一下拜访所需要遵循的礼仪规范。

1. 遵守礼仪

拜访是一种交际活动，也需要遵循一定的社交礼仪。而其中最重要的一点就是要"有约在先"。当你决定拜访某位主人的时候，需要提前相约，最好提前一周就通过打电话与对方联系，这会让主人对你的到访有所准备和安排。如果你事先没有与对方约好，突然到访会令人感到唐突，同时也有可能会因为被访者有事外出而白跑一趟。所以，无论你是拜访朋友、长辈还是客户，都需要提前约好，这是一个极为关键的社交礼仪。

2. 注意仪容

拜访可以称得上是一种比较正式的社交场合，尤其是工作上的拜访，

更是代表了你所在公司的形象。因此，女性在拜访时必须注意自己的仪容仪表，讲究穿衣打扮。从你所选择的服饰、装扮到你的发型以及妆容，都要符合一定社交礼仪的要求。因为，美丽的仪容就是你的一张名片，它既可以维护自己良好的形象，同时也是对主人的一种尊重。

3. 谨言慎行

当你在拜访时需要注意自己的言行举止，不要太过随便，不能随便开口，甚至出言不逊。在拜访主人的时候，需要互相问候，进行适当寒暄，可以聊一些轻松的话题。在主人家里千万不要随意走动，也不要随便翻动主人的物品。没有经过主人的同意，你也不要擅自参观主人的房间，不能随便进入主人的卧室、餐厅等私人空间。当你在主人家使用了卫生间，一定要记得放水冲干净。

4. 以礼相投

当你去拜访某人的时候，一定会受到主人的热情招待，也会受到一定的礼遇。当然，你也要学会"以礼相投"，表示对主人的尊重和所受到礼遇的谢意，同时也可以给主人留下深刻的印象。这样的以礼相投，可以是互相握手致意、亲切交谈，也可以是你精心挑选的礼物。尤其是当你拜访长辈的时候，选择一份恰当的礼物作为拜访之礼，是很有必要的。而对于关系亲密的朋友，你也可以选择送一份小礼物或者不送。

礼仪小贴士

一般而言，拜访需要注意一定的社交礼仪和拜访礼仪，比如你在拜访的时候需要以礼相投，还要适当注意谈话的技巧，谨言慎行，注意仪容，才能使自己成为受欢迎的客人。

做客礼仪，礼数周到文明客

中国历来讲究礼尚往来，现实生活中每个人都要访友做客。我们是带着诚意与祝福去的，可是却不一定能让主人心怀感激，因为，有时候做客时的失礼行为能让你的"善心"大打折扣。

北宋的杨时是有名的才子，当他中了进士之后，放弃做官，继续求学。当时比较有名的大学问家、哲学家、教育家有程颢、程颐两兄弟。早就听闻这两人的名字，杨时决定投奔程颢门下拜师求学。之后，程颢去世，又继续拜程颐为师。尽管杨时已经年逾四十，但在老师面前却总是保持谦虚的态度。

有一次，天空飘着大雪，异常寒冷，遇到难题的杨时约着同学游酢一起冒着冷冽的寒风去老师家求教。当他来到程颐家，发现老师在椅子上睡着了。尊重老师的杨时不愿意打扰其睡眠，便静静地站立在门口等候，不说话也不动。过了好一阵子，老师才醒过来，这时杨时脚下的积雪已经一尺深了，身上也落满了雪，不过杨时脸上依旧保持着谦和的神态，没有一丝不耐烦。

女孩去做客，应记住"久坐让人厌，客走主人安"，毕竟家是一个很私密的空间。如果对方邀请你去做客，饭毕稍坐应礼貌告别。主人出于客气，通常会请你多坐一会儿，这时作为客人应该礼貌告别，否则很有可能造成对主人家的过度打扰。

1.注意时间

做客之前应与主人商量好时间，如约而至。当然，需要确定具体时间，以不打扰对方的生活与休息为原则，别做不速之客。假如迟到，需要解释道歉。通常情况，时间会约在假日的下午或晚饭之后，不宜在早上和饭前

时间造访。若是第一次做客，不宜久留。

2. 礼貌敲门

女孩进门前应先按门铃或是敲门，未经允许，切勿推门而入。雨伞等物，应留于室外或主人指定处。进门后，必要时应脱下大衣、帽子、手套，并换着拖鞋，然后在主人指定之处入座，未请坐，不可坐下。见到主人的其他家人或朋友应主动问候，不可不理。做客时，要彬彬有礼，举止稳重，要尊重主人的规矩和生活习惯。

3. 称呼礼仪

去别人家做客，要搞清自己与主人的关系，明白怎样称呼主人，向主人致以问候。当主人端上糖果、糕点、茶水时，应先道谢，然后用双手去接。

4. 用餐礼仪

如果在亲友家用餐，要注意用餐时的礼仪，不能抢先入座，不能先动食品；要请长辈先坐下，长辈动筷后再动筷子，双肘不能放在桌子上；要小口进食，闭上嘴咀嚼，不要发出声响来，端碗时不要大把托着。使用公筷母匙，应先用公筷将菜肴夹到自己的碟盘中，再用自己的筷子慢慢食用。夹菜、舀汤时动作要轻，应先夹离自己最近的菜，夹菜时不要在碗碟里乱翻找，不要光夹自己爱吃的菜，夹菜一次不宜过多，不要刚夹一样菜放于盘中，紧跟着伸筷又夹另一道菜，也不要对菜的味道评头论足。遇邻座夹菜要避让，谨防筷子打架。

5. 交谈礼仪

交谈中，努力营造出和谐、融洽的交谈氛围。即使双方观点不同，也没有必要因此和主人发生争执而失礼。在礼貌提出自己观点的同时，对主人的不同意见应表示尊重。做客的目的是表达友谊或者沟通事宜。所以即使主人一时失礼，只要不涉及人格尊严，都应克制，保持客人应有的风度。

6.告别礼仪

饭后，坐好略陪大家一会儿，或者说"我用好了，请慢慢用"。然后离座去别的房间休息。散席告别时，对主人要说"谢谢""再见""今天真高兴""欢迎到我家去"。出门时先让身份高者、年长者和妇女先走。无论是探亲访友，还是在家中款待亲朋好友都要注意礼仪。别忘了回到家后打个电话或寄个谢函、明信片给主人。

礼仪小贴士

女孩做客过程中，不应给主人添额外的麻烦，不提额外的要求。我们中国人性格相对内敛而好面子，对客人的要求往往都不好意思拒绝，但事后却会对你有意见。

第 10 章
公共礼仪，彬彬有礼惹人赞

公共礼仪体现社会公德。在社会交往中，女孩良好的公共礼仪可以使人际之间的交往更加和谐，使生活环境更加美好。公共礼仪总的原则是：遵守秩序、仪表整洁、讲究卫生、尊老爱幼。

不可不知的手机礼仪

现代社会，智能手机越来越方便，其所提供的服务与娱乐功能也越来越多，但是随之而来的公共礼仪也渐渐被人们所厌烦。据调查研究显示，人们对于"手机礼仪"的理解存在一些差异，针对不同的交往环境人们对"玩手机"这件事的容忍度也不一样。或许是因为对身边的人影响较小，一边走路一边玩手机是容忍度最高的事情，可达77%；为了打发寂寞冗长的坐车时光，在交通工具上使用手机也不会太令人生厌，达75%；在餐厅使用手机是很容易让人反感的一件事，天知道你对面那位朋友有多尴尬，达38%。

有一次，小美去给客户汇报产品方案，汇报的地点选在对方的会议室，当天参加会议的人很多，还有不少领导，会议室里非常拥挤。由于会议室有点热，小美就把外衣放在了一边。正在她汇报到一半的时候，突然手机响了，小美意识到这是自己的手机。但屋里人太多，她的外衣却放在门口，手机一直响个不停，中间也隔着好多人，她过去拿，大家都得起身才能让她过去，会场秩序一时间搞得很乱，也让对方的领导有些不满，弄得彼此都很尴尬。

作为职场人员，小美显然没有考虑过公共场合手机应该放在哪里合适，很多人习惯于把手机随意摆放，这在自己家里没有问题。但在公共场合手

机的摆放是很有讲究的，很多人并没有意识到。手机在不使用的时候，可以放在口袋里，也可以放在书包里，但要保证随时可以拿出来，免得像小美那样。

1. 手机的放置

在公共场合中，女孩如果没有使用手机，请将手机放在适当的位置。例如，公事包、包包、上衣或外套的内里等一些不起眼的地方。尽可能不要放在手边、裤子口袋或桌上，特别在跟人沟通时，手机尽量放在适当的位置。

2. 特别场合调成静音

在会议中和别人洽谈的时候，最好的方式是将手机关掉，或调成静音模式。这样是对客户与会议的尊重，既不会打断讲话者的思路，也可以避免在会场上手机铃声不断，造成大家侧目的尴尬情形。

3. 不要大声讲电话

公共场合，女孩应注意使用手机礼仪，不要在公共场合或开车中、飞机上、电影院、图书馆和医院里拨打手机，特别是在大众交通工具中大声讲电话是非常失礼的行为。

4. 注意打电话的时机

女孩在给他人打电话时，需想到的是，这个时间对方是否方便接听电话，并且要做好对方不方便接听电话的准备，同时注意对方所处的环境，若是在会议中或开车时，可以晚一点再拨电话，养成先询问对方是否方便通话的习惯。

5. 不要旁若无人地讲电话

即便在公共场合中，如楼梯、电梯、路口、人行道等地方，女孩也不要旁若无人地讲电话，应该把自己的声音尽可能地压低一下，不要让四周的人都知道你的谈话内容，这不仅让人很尴尬，同时也显得讲电话的人很

粗鲁。

6. 说话时请放下手机

不要在与对方交谈的同时把玩手机、发微信，因为一边和别人说话，一边查看手机是对他人的不尊重，就算是很重要的信息或电话也一样。当然也可以用去洗手间为借口，到别的地方回复。

7. 停止转发

女孩应该都有收过罐头短信或祝福短信，但是在内文的最后，都会希望你能转发，其实不论你是否赞同或不接受，其实你都可以不必这么做。这是对别人的一种尊重，也许别人根本不想接收这样的信息，如果不断转发会造成别人的困扰。

8. 尽量别用搞笑彩铃

不恰当的铃声设置和彩铃也会令你失礼于人。公务员、公司管理人员等由于岗位性质的需要，应该以稳重的形象示人，因此，在工作场合中，如果响起"爸爸，接电话""汪、汪"这样的手机铃声不仅会显得很不严肃，而且与自身身份也不符。同样，在工作期间，如果有人拨打手机联系公事时，却听到"我就不接电话呀，我就不接电话，别人电话我都接，我就不接你电话"这样的搞笑彩铃也是会令人反感的。

礼仪小贴士

女孩需要懂得在公共场合使用手机的一些规则，让手机礼仪变得比较有趣，同时也提醒女孩要谨慎使用手机，养成良好的使用习惯，不要自己方便却造成别人的不便。当然，淑女不是一两天炼成的，平时注意各种小细节，形成良好的行为习惯，坚持下去就会发现收获的不仅仅是自身素养的提高，还有别人的尊重。

乘车礼仪，注意上下车细节

荀子说过："人无礼则不生，事无礼则不成，国无礼则不宁。"阐明了礼仪对生活的重要性。在公共场合，不懂礼就会失礼，尤其是乘车礼仪，乘车不仅仅是坐上车那么简单，一不小心就会坐错位置，或者出现举止不文明的情况，那女孩的完美形象就会被打破。

娜娜在公司里年轻能干，平时主意又多，总经理打算将其提拔为公关部经理。为了慎重起见，决定再进行一次考察。正好总经理去市里参加一个会议，需要带两名助手，总经理点名娜娜陪同。娜娜也很重视这次机会，想好好表现一下。

由于总经理司机外出未归，所以，他们临时决定改乘董事长驾驶的轿车一同前往。上车时，娜娜很麻利地打开前车门，坐在董事长旁边的位置上，董事长看了她一眼，不过娜娜并没有在意。

出发后，董事长驾车很少说话，总经理好像也没有兴趣说话，只是在闭目养神。为了活跃气氛，娜娜努力寻找着大家感兴趣的话题，董事长专心地开着车，不置可否，其他人也没有回应。娜娜感到没趣，便也不再说话。到了市里之后，同行的另一位助手悄悄告诉娜娜："你坐错了位置。"娜娜恍然大悟。

从市里返回，车子由司机驾驶，另一位助手有些事需要处理，需要在市里多住一天，同车返回的是4个人。娜娜想，这次再也不犯同样的错误了。于是，她打开前车门，请总经理上车，总经理坚持与董事长一起坐后排，娜娜诚恳地说："总经理，您如果不坐前面，就是不肯原谅来时我的失礼之处啊。"并坚持让总经理坐在前排才肯上车。

回公司之后，关于娜娜的提拔之事再也没有人提及。

对小轿车而言，如由司机驾驶时，以后排右侧为首位，左侧次之，中间座位再次之，前坐右侧殿后，前排中间为末席；如果由主人亲自驾驶，以驾驶座右侧为首位，后排右侧次之，左侧再次之，而后排中间座为末席，前排中间座则不宜再安排客人。主人亲自驾车，坐客只有一人，应坐在主人旁边。若同坐多人，中途坐前座的客人下车后，在后面坐的客人应改坐前座，此项礼节最易疏忽。女孩登车不要一只脚先踏入车内，也不要爬进车里。需先站在座位边上，把身体降低，让臀部坐到位子上，再将双腿一起收进车里，双膝一定保持合并的姿势。

生活中，女孩会有机会乘坐各种车型，不过礼仪却是不得不注重的。

1. 出租车

出租车可以预订，也可以随手拦。拦车时要保持风度，叫车时要考虑到司机停车的方便与交通规则，不要大声叫喊，也不要不停地大幅度挥手。等出租车司机可以看到时，再用手缓缓摆动一到两次就可以了。乘出租车若是与男士同行，座位是男左女右，男前女后；几个人同行时，应该争坐前座，因为前座是付款的座位。女孩单独坐出租车时，不要坐在司机旁边的座位。

2. 自家车

如果是自家车，接送人时，一定要照顾周到。仅仅两人同车，你可以请他坐在司机旁边的位置，便于朋友之间的平等交流。你若坐车，千万别单独坐到后面，会让人觉得你当他是司机了。开车时，喜欢会开车的人跟你聊正在进行的路况，不会开车的则希望你不要说话。多人同时乘车时，可以根据客人的地位与关系安排座位，前座是最好的座位，可以请长者坐前座；另一种情况下，对多人乘车而言，前座也可以是比较随意的座位。

3. 非自家车

如果乘坐别人的私家车，一般情况下要坐在前面，便于你们交流。要

是坐在后面，应该注意在他开车时尽量少与他说话，也许开车紧张，也许他心情不佳。在车上交谈时，无论多好奇，像人家花了多少钱买的车这种问题，刚认识时，可别着急问，最好观察一下主人当时的情绪。

4. 公家车

如果公家车接送，可能表示你有一定的身份与地位。这时首先要等待别人帮你开关车门，上车一定要坐在后座上，特别是车上只有你与司机两人时，不要与司机平坐在前座，在车上尽量不要多说话，不要找司机搭话，问这问那。当司机问你有关私人问题或是有关重要事宜时，要装作没听见，或是请司机打开音乐。到达目的地时，下车后可以对司机说声"辛苦了，谢谢"。

5. 公交车

坐公交车，是无人售票的，要自备零钱，刷卡的要主动刷卡。看到年长者、孕妇及带小孩的，要主动让座，要下车的站点提前准备。当大家坐在车上，要注意举止，保持车内整洁，不要在车上吸烟和吃零食；不要把污物吐出、扔出窗外；不要乱动车上的机关。

6. 注意上下车顺序

涉外交往中，尤其是在许多正式场合，上下车的先后顺序不仅有一定的讲究，而且必须认真遵守。乘坐轿车时，按照惯例，应当请位尊者最先上车，最后下车。位卑者则应当最后登车，最先下车。乘坐公共汽车、火车或地铁时，通常由位卑者先上车，先下车。位尊者则应当后上车，后下车。这样规定的目的，同样是为了便于位卑者寻找座位，照顾位尊者。

7. 座位的谦让

不论乘坐何种车辆，就座时均应相互谦让。争座、抢座、不对号入座都是非常失礼的。在相互谦让座位时，除对位尊者要给予特殊礼遇之外，对待同行人中的地位、身份相同者，也要以礼相让。

礼仪小贴士

女孩在乘坐车辆时，尤其是在乘坐公用交通工具时，必须将其视为一种公共场合。因此，必须自觉地讲究社会公德，遵守公共秩序。对于自己，处处要严格要求；对于他人，时时要友好相待。

住酒店礼仪，不做没素质的游客

对年轻女孩而言，工作之余会出门旅游，这时少不了住酒店的环节。别看住酒店这么简单的事情，其实也是需要诸多礼仪的。女孩要懂得一些基本的住酒店礼仪，避免做一个没有素质的游客。

通常住酒店的旅客会享受一流的服务，良好的礼仪、冷静的头脑对入住酒店的旅客至关重要。对年轻女孩来说，住酒店时，如何让自己举止大方、不受拘束呢？

1. 登记入住

进入酒店大堂后，首先应该到前台登记，如果你带了大量的行李，门童会帮助你搬运，你可以礼貌地谢过之后去登记入住。最安全的房间是靠近走廊的房间，因为过往的人很多。大厅和走廊是酒店生活中的主要公共场合，因此一定要记住，不要表现得像在自己家中一样，甚至穿着睡衣或浴衣转来转去。此外，还应该注意一定不要大声说话和吵闹，也不要乱跑乱跳。

2. 客房的礼仪

虽然打扫客房是服务员的工作，但是也不能因为有人代劳就不注重保持清洁卫生，废弃物要扔到垃圾筐里。在洗手间，不要把水弄得到处都是。

如果你要连续住上几天，你可以留一张纸条给客房服务员，告诉他们，床单和牙刷不必每天都换，这样的客人一定会受到饭店的尊重和欢迎。在房间用餐完毕，要用餐巾纸将碗、碟擦干净，放在客房外的过道上方便服务人员收拾。洗发膏、牙刷、肥皂、信封、信纸之类的小用品可以带走，但要注意有些物品是有偿使用的。"他乡遇故知"一定很棒，与朋友欢喜相聚也应节制，会客时间太长是不适宜的，一般不要超过 23 点。

3. 离店的礼仪

别想当然地认为可以从酒店拿走毛巾、睡衣或其他物品，酒店对物品的管理非常严格，这会导致令你尴尬的局面，而且到最后要为此付款。如果你想要些纪念品的话，可以到酒店的商店里看看。如果不小心弄坏了酒店的物品，不要隐瞒抵赖，要勇于承担责任并加以赔偿。

4. 别对服务人员颐指气使

入住酒店的客人总抱着一种我花钱所以我就是上帝的想法，这样的想法让人难以认同。女孩请始终记住，你有享受服务的特权，但那并不是一种权力。

当然，如果是入住五星级酒店，还需要懂得以下内容。

1. 着装

请不要穿着邋遢的圆领衬衫和陈旧的牛仔裤出现在五星级酒店的大厅，最好上身着有领的衬衫，下身搭配精致的牛仔裤或更正式的宽松便裤；入住时西装外套未要求，但在酒店餐厅或酒吧则要求着西装；若疑问尚存，则可咨询酒店着装服务人员或在预订酒店前花大约半小时的时间看看酒店其他用餐者的着装。

2. 举止优雅大方

入住过程中，请表现自如，像是每周都入住五星级酒店一样。请不要四处张望，也不要随意拍摄照片，如果想回家后给朋友展示，请他们访问

酒店网站查看。

3. 就餐礼仪

就餐过程中，服务人员会提供更高档次的服务如提供额外食物、及时清理桌子等，入座后可允许服务员主动服务。在谈话中，请不要挥舞双臂以免撞到服务员或不小心打翻托盘，若看不懂菜单，可咨询服务员，点餐后请合上菜单并记住自己所点的菜。

4. 遇到名人时

遇到商业大亨、政要人物、明星等名人，若他们也在度假，可打招呼示意，但不要寻求签名或拍照等。

5. 不要长时间占着日光躺椅不用

你可以用将浴巾占据躺椅，但这样很不礼貌。在预订日光躺椅后，最好及时躺下享受，预订后拖延时间最长为 30 分钟，在预订旺季则一般最长 10 分钟。

6. 酒店礼宾

若在不熟悉的城市入住，酒店礼宾可称作信息服务咨询员，若是优秀的礼宾，则更是熟知各种餐馆预订以及剧院、音乐会或体育赛事的入场票，他们如向导一样可为旅客提供方便快捷的服务，你可根据自身需求请他们提供帮助。

礼仪小贴士

女孩不要太娇情，不应该利用酒店尽量满足客人需求的初衷来无止境地提出要求。现实情况下，客人提出的要求不能太过荒唐，如果酒店确实不能满足，也会为此做出最好的弥补方案。

旅游观光礼仪常识

旅游是件开心的事情，但是玩赏之余，女孩也该注意一些礼仪细节。比如遵循旅游文明行为公约：爱惜公共设施。不污损客房用品，不损坏公用设施，不贪占小便宜，节约用水用电，用餐不浪费；尊重别人的权利。不强行和外宾合影，不对着别人打喷嚏，不长期占用公共设施，尊重服务人员的劳动，尊重各民族宗教习俗；讲究以礼待人。衣着整洁得体，不在公共场所袒胸赤膊，礼让老幼病残，不讲粗话；提倡健康娱乐。抵制封建迷信活动，拒绝黄、赌、毒。

1. 爱护景点

山川名胜和历史古迹是不可再生的，宝贵的自然资源和文化遗产，应倍加珍惜。不可攀折花木，不得随意涂写刻画，不要触摸珍贵的文物展品，不能戏弄游览点的动物，在山林中还应注意防火。不要随地吐痰、乱扔烟头。不要采折花卉、践踏草地，不要在树木、建筑物上乱刻、乱画。不用树木为承重载体做各种运动，在照相时不要拉扯树木的花枝。

2. 注意环境卫生

女孩在旅游观光时，都有维护环境整洁的责任与义务，在需要静谧观赏的地方，不要随意大声喧哗、嬉笑打闹。在外野餐之后，一定要将垃圾收拾干净，集中丢弃在垃圾箱或垃圾点，不可信手丢弃，更不要随地便溺。不污染景点内的水资源，尽量保持水域的环境卫生。

3. 谦让美德

女孩在旅游途中，如走在狭窄的曲径、小桥、山洞时，要主动给老弱妇孺让道，不争先抢行。如果不小心冒犯了他人，应及时致歉，不要与之发生纠纷；如果你是随团队旅游，一定要听从导游的安排，应征得导游的

同意方可离队；在自由浏览时不可玩得忘乎所以而延误归队时间，让全队人为你担心、等待。

4.遵守公共秩序

女孩不要独自前往禁行之处"探险"。遇到购票或观看某景点的人较多时，要自觉排队，不要前拥后挤，制造混乱。

5.注意个人形象

女孩游山玩水时服装可舒适自然，运动装、休闲装皆可，但不要赤身露体，有碍观瞻；不要围观、尾随陌生人；年轻情侣结伴游玩，自然是亲密无间，但在大庭广众之下，过于亲昵的举动是有失礼节的。所到之处要入乡随俗，尊重当地的风俗习惯和一些宗教戒规，否则可能会因小事而酿成大错。

6.乘观光车礼仪

乘观光车时要提前 10 分钟上车，不要迟到，以免让他人等候、耽误行程；女孩尽量坐到车厢后面，把前几排座位让给老人和妇女儿童；观光车的第一排座一般都是留给领队导游的，游客尽量不要坐；车上的卫生间是供乘客特急需要时使用的，一般不要使用。

7.参观展览的礼仪

参观展览时需按秩序参观，对讲解员的解说要专心倾听，遇到不懂的可以请教，不过别问个没完没了。参观时也不要对展品妄加评论，假如你很欣赏某件展品，在不妨碍他人的情况下可以多欣赏一会儿；假如别人停下来欣赏某件展品，而你不得不从对方面前经过，一定要说"对不起"。

🤝 礼仪小贴士

当然，女孩在参观寺庙这类特殊景点时，需着装得体、整洁朴素，进入寺院不得穿短裙及袒胸露背、无衣袖的衣服；遵守寺院规矩，言行有礼；

当寺内举行宗教仪式或做佛事时不能高声喧哗干扰；未经寺内职事人员允许不可随便进入僧人寮房（宿舍）等地方；为了保持道场的清净，严禁将一切荤腥烟酒及其制品带入寺院；珍惜福报，爱护寺院物品。

出席舞会，礼仪知多少

参加舞会是现代女性的社交活动之一，伴着旋律，女孩如同精灵一样在炫目的舞池中舞动着自己的身姿。因为舞蹈，女孩忘记了白天工作的巨大压力；因为舞蹈，女孩可以暂时搁浅那些生活中的烦恼；因为舞蹈，女孩变得优雅、动人。女孩在灯光摇曳的舞蹈中尽情地展现着自我……

可是，女孩不能忘却的是，舞会中不能太过随心所欲，只有掌握舞会礼仪，才能真正跳出有品位的舞，才具有良好的舞者形象。真正的舞者，什么时候都不会把舞会中的礼仪抛诸脑后，只顾自己尽兴。而有些女孩在参加舞会时，尽情地发泄着烦恼，完全不顾自己的行为是否得体，是否已经影响了他人，而当发现自己失礼或者被人笑话的时候，就成了一只惊慌的小兔子，在舞会上无所适从。所以，女孩要懂得舞会礼仪。

菲菲是公关公司的业务助理，这个职务免不了要吃饭应酬，这些她还可以对付，可是情况远不止这么简单。她在想，现在客户的精神追求也是越来越高雅了，都喜欢上了跳舞，谈生意的场所也从酒店改成了舞会。这就让菲菲不知道该怎么办了，因为她不会跳舞，更别说达到客户要求的舞蹈水准了。

有一次，经理让菲菲和他一起去谈一笔生意，而地点就是市中心的一家舞蹈中心。菲菲和经理到了那里以后，等了半天，客户终于缓缓地从舞池中走过来，旁边还跟着一个年轻人，看样子可能是副总之类的。客户说：

"我看就我和陈总谈吧，你们两个年轻人去跳舞吧！"菲菲连连摇头，称自己不会，而对方已经把手伸过来了。菲菲怕出丑，始终不肯答应对方的要求，只是低着头不吭声。这时候，那个客户来了一句："原来陈总的手下这么不爽快，是不是你们公司做生意也是这样啊？"说罢，准备要走，幸亏菲菲的经理好说歹说，才把对方留了下来。生意虽然是保下来了，可是菲菲回公司之后，挨了老板一通骂，大抵就是不识抬举，不知道以大局为重，不会为公司利益考虑之类的话。

不懂舞会礼仪可能造成的后果是显而易见的，女孩是否懂得舞会礼仪还会关系到女孩自身形象的问题，女孩优美的舞姿要和优雅的举止、大方得体的语言、让人眼前一亮的着装等一起构成女孩美好的舞者形象。具体说来，在舞会中，女孩应该注意到的舞会礼仪有以下几点。

1. 仪容仪表

外表和着装上，无论参加什么舞会，女孩必须要整洁干净，头发要梳理得整整齐齐，口腔、手等部位都应清洁，最好在参加舞会前刷牙、洗澡，舞会前不要吃蒜、韭菜等带刺激气味的食品，否则满口异味会使你的舞伴受不了，也是对对方不尊重的表现。服装上必须穿戴整齐、美观、大方、清洁。参加舞会的服饰要尽可能和环境融为一体，过于灰暗的服饰，与舞会的气氛不大协调。宜穿裙摆较大、长及脚踝的裙子，使舞姿更飘逸动人。职业套装一般不适宜于舞会。不要忘记戴上华美的首饰，让它们在五彩斑斓的灯光下闪亮。舞会大都在晚上举办，所以要化晚妆，再喷上宜人的香水。正规的舞会上，头发最好盘起来，梳成发髻；参加一般的舞会，则发型随意，可以是直发，也可以将长波浪吹得蓬松松的。穿上高跟鞋，可以使女孩的步态、舞姿更动人，还可以避免穿长裙显得拖沓。

2. 尽量别拒绝异性的邀请

女孩如果没有特殊的原因，最好不要拒绝男士的邀请，这样会让对方

感觉到不受尊重。女孩应当落落大方，表现出良好的思想修养和高雅的文化素质。在拒绝别人的邀请时，女孩要注意礼貌待人。最佳的拒绝方法是"对不起，我想暂时休息一下"，或者"真对不起，这首舞曲我不大会跳"，以便给邀请者一个台阶下。

3. 保持与舞伴的亲密度

女孩不要和自己的男性舞伴过于亲昵，应保持一定的距离。不要跟刚相识的异性长时间地待在一起。不要过多与对方讲心里话或过多了解对方详情。在舞姿上要端正、大方和活泼。整个身体应始终保持平、正、直、稳，保持好重心，身体不要摇晃。跳舞时，应面带微笑，说话要和气，声音要轻细，不要旁若无人地谈笑。舞姿应当优美。

礼仪小贴士

女孩只有准确地掌握舞会的各种礼仪，才能在众人聚集的舞池中尽情地发挥着自己的舞蹈天赋，才能让舞蹈成为自己身心放松的方式，才不会尴尬，才能游刃有余。懂得礼仪修养的女孩才美丽、动人。

女孩要懂得婚丧嫁娶的礼仪

婚丧嫁娶都是人生中的大事，每个女孩也都会遇到，若要顺利地处理好这些事，女孩就要懂得婚丧嫁娶的礼仪。

婚丧嫁娶中的礼仪体现的是一种文化习俗，也可能涉及一些信仰问题，女孩必须尊重这种习俗，才会得到他人的尊重，才不至于贻笑大方。

小李跟随单位的旅游团队来到鄂西一个少数民族自治州，那是一个山清水秀的地方，当地人也很热情，她几乎游遍了那里的名山大川，深有感触，

觉得天下间竟有如此环境优美的地方！但却因为一件小事，让她闹了笑话。

一天，她和朋友们一起在一条古镇的石板路上逛街，想买点特产什么的带回去，突然她听见一阵吹吹打打的声音，她们走近一看，居然是花轿迎亲的队伍。她们没见过这种场面，不敢相信这种古老的嫁娶方式还在盛行，于是，她们一直跟着迎亲的队伍，半小时以后，终于到了女方的家。

当她和朋友驻足在女方家门外的时候，有个老婆婆一把把她们推进去，说："来了都是客人撒，害羞个么子哟？"走进女孩的卧室，她们奇怪了，结婚的女人应该是幸福的，母女俩哭什么呀，而且哭得还越发伤心，最后泣不成声。小李是个有话就说的人："你别哭了，不喜欢那个人的话就别嫁，社会主义社会强买强卖的婚姻是不允许存在的！"屋内众人一听，笑弯了腰。新娘子母女俩觉得很莫名奇妙。这时候，那个老婆婆走到小李身边，对她说："土家族有个哭嫁的习俗，哭得越诚心，女人日后的生活就越幸福，刚刚她们哭嫁被你给打断了，这是不吉利的。"

小李觉得一下子失了态，羞愧难当。

小李的经历告诉女人们，不懂得婚丧嫁娶的礼仪很容易让自己成为笑柄，甚至可能触犯一定的文化习俗，成为众人耻笑的对象，会被人认为是不谙世事、不懂礼数的表现。

中国的婚丧嫁娶的礼仪不是统一的，因为土地广袤形成的差异性，也和不同的文化氛围、不同的宗教信仰有关，但总结起来，有些方面女孩是应该知晓的。

1.婚娶礼仪

就婚娶而言，它的过程有：迎亲、娶亲、结婚仪式，第二天回门等。细数一下，是这样的。

早晨，新郎穿戴一新，在左胸佩一朵红绒花。旧时骑马或乘轿，由陪亲的人簇拥着前去迎亲。到了现代，路近的步行，远的坐轿车、卡车或客

车等迎亲，已无骑马坐轿之例。迎亲的人到了女家，由女方长者出迎相送入内，女家在正堂屋中招待女婿。

到家时，新郎新娘争抢进门。谁先进屋，以后居家过日子，谁就能管住对方。也有婆婆偷偷躲在门头楼上，又开双腿，让新人从胯下钻过。据说，这样以后新人才服管听话，婆媳之间才能和睦相处。结婚当天，女方后亲为新人"装枕头"、缝被子、叠床铺盖，在被子四角及枕头内装进些枣子、花生、桂圆、松子之类的东西，讨个吉口"早生贵子"之意。

入洞房后，旧时新郎即揭开新娘头上的巾帕，行"合交杯"。

第二天回门，旧时称"归宁"。男家必备丰盛酒席礼物，由新郎新娘送到女家，天黑之前要赶回婆家。新娘回门时，要把箱柜钥匙交给婆婆"翻箱柜"，俗称"翻孙子"。结婚一月内，回娘家及亲朋接请新娘，女婿必须同去，双方互送礼物不能空去空回。新娘不得在娘家过夜，且在太阳落山之前赶回婆家。如果娘家距离远，回门就要待一月之后。

以上是婚娶的礼仪，而当今社会一切已经从简。

2. 丧葬礼仪

在丧葬上的礼仪就更讲究些：

老人去世之前，人齐集于室，由配偶或子女扶起其头部，于地上点燃香烛。众人环跪于床前，老人一旦落气，立即焚烧纸钱于地。汉族丧葬旧的传统是讲究重殓厚葬，并且夹杂着许多迷信的习俗。汉族自古盛行棺木土葬，葬礼隆重，分殓、殡、葬三个阶段进行。殓，就是给尸体穿衣下棺。人初死入殓前要给死者招魂、沐浴。殡，就是入殓后停柩于殡宫，殡期长短不一，少则3日，多则30日，主要由奔丧者而定。汉族传统习俗，父母死亡，儿女必奔丧，否则为不孝。而亲朋好友将来哀悼、祭奠死者，称为"吊丧"或"吊唁"。奔丧者均要着丧服。葬，就是掩埋死者遗体，即棺木入土。旧俗入葬前往往要看风水、择坟地。送葬又叫出殡。送葬时，

古代汉族一般是"孝子"在前执绋，挽枢者唱挽歌。挽歌到近、现代演变为哀乐。亲朋好友写挽词或挽联送葬，到近、现代又演变成送花圈，花圈上写挽联。

葬礼以后，有做七、断七、百日、周年等追悼仪式，并将牌位送归祠堂，这已从葬礼时对人的仪礼转为对"鬼灵""祖灵"的仪礼。

礼仪小贴士

每个女孩在人生中都会遇到这些婚丧嫁娶之事，只有懂得这些礼仪，才能运筹帷幄，才能处理好这些事，更显成熟和稳重。

第11章
面试礼仪，求职应聘好印象

对即将走上工作岗位的女孩来说，面试是不可或缺的一环。而面试是求职环节中最关键的环节，一次良好的面试，不仅仅是口头的语言沟通，其中还包括一个人的身体语言。面试中的出色表现十分重要，而面试中的礼仪则是考官考察的主要细节之一。

别让肢体语言摧毁你的面试

肢体语言是许多求职者在面试过程中需要格外注意的一个细节，曾有位应届毕业生在应聘一家广告公司的时候，就较好地掌握了这一个细节。后来，他总结经验说："应聘并不是谈判，不能用眼睛逼视对方，这样会让对方产生一种戒备心理，不利于面对面地进行交流和沟通。所以，在面试的时候，我的眼睛通常只盯着面试官鼻尖下方到嘴唇上方的那个部位，这样对方在说话时就能够注意集中力去听，并且可以快速地调动思维，做到准确及时地回答问题。而且我不会感到拘束，始终保持着自然的表情，不时配以真诚的微笑，表示我对他说的话可以理解和认可，结果我们之间谈得很愉快，应聘很顺利。"自然，这位毕业生顺利地进入了这家公司。

张小姐刚刚大学毕业，有一次，她参加某外资公司的招聘面试。当时面试官让她将椅子挪近一点，张小姐没注意细节，挪椅子时发出了很大的声音，最终张小姐面试宣告失败。

后来，张小姐在回忆起这件事时，十分有感触："其实我去参加面试做了很充分的准备，穿着整洁干净的套装，简介也做得非常完美，回答问题可以说是句句到位。但是我真没有想到，面试官让我挪动椅子也是一次考试。"

实际上，像张小姐这样的遭遇并不是个别现象。现在，有许多公司或

企业在招聘自己需求的人才时，都设置了一定的"门槛"，他们不但要求人才具备较高的学历、专业知识以及技能，同时还要求人才具有较好的修养和心理素质。

假如面试之前心情十分紧张，那可以坐直或站直，闭上双眼，想一些愉快、舒适或可笑的事情，让自己心情调节到最愉快的程度，也可以想想之前最成功的一件事，想成功时的心情，让自己充满信心。如果这些方法都不能让你消除内心的紧张感，那你可以试一下这个方法：对着镜子，看自己的眼睛、鼻子、嘴巴、眉毛、耳朵，连续看几分钟，通常不超过5分钟，心情自然就会平静，紧张感就会消除。

不过，在面试过程中，女孩还需要注意一些肢体语言，避免走入禁区。

1. 不要给面试官留下软弱的印象

面试官能在 30 秒之内确定面试者是否是合适的员工，身体语言起到了十分重要的作用。女孩在面试时要自信，不过不要傲慢，走进房间时请面带微笑，不要摆弄身上的物件，握手时坚定有力。

2. 不要触摸自己的脸颊

女孩看过那个电影吗？史蒂芬·索德伯格导演的《病原体》？影片中，凯特·温丝莱特扮演的大夫说，平常人每天都要触摸自己的脸2000 ~ 3000次！也许你也有这个习惯，也许你无法改掉这个习惯，但至少在面试时不要这样做。触摸鼻子、嘴唇和前额，面试官会认为你非常紧张或不诚实。

3. 不要晃腿

晃腿的原因有很多：情绪紧张，不安腿综合征，或者是因为坏习惯。不过，在面试的时候，不要这样做，这样的身体语言传达的信息十分明确，会给面试官传递这样的信号：我焦躁不安，只想尽快地逃离这个地方。

4. 不要环胸抱臂

环胸抱臂的肢体语言传递的是这样的信息：封闭防御，或百无聊赖。假如你觉得这样的姿势最为舒服，没有问题，但必须清楚这是一次面试，在潜在的老板面前，表现出这样负面的肢体语言，是极不明智的选择。

5. 不宜太拘束或太放松

女孩应该记住，在面试过程中，不要正襟危坐，也不能坐没坐相。在面试时坐直身体，不过不要太僵硬，好像你的脖子被吊在了天花板上，当然，也不能太放松，没有坐相，表现得很没精神，萎靡、慵懒，这会给面试官留下不礼貌的印象。

6. 双手不要拿东西

建议女孩在面试时放下手里的东西，因为你并不是魔术师或滑稽演员。若是把钢笔、文件、手机、简历或其他物件拿在手里不停地摆弄，会让你显得十分笨拙，毫无准备，假如你手中的东西掉落在地上，那就更糟糕了。

7. 不要总是点头

在面试过程中，听到面试官说什么，切忌总是点头附和。不管别人说什么都点头附和的行为，会让你看起来毫无骨气，像在拍马屁。

8. 与面试官保持合适的距离

假如你面前有一张桌子，那需要与桌子保持合适的距离，显出足够多的上半身，表示你没有什么可以隐瞒的。假如你面前没有桌子，也需要遵循这个原则，不要坐得太近，让面试官感受到你的鼻息，也不要坐得太远，好像你不愿意与他们交流。

当一个人情绪紧张的时候，很容易出现不合时宜的肢体语言。其实，女孩在面试之前，为了让自己的肢体语言自然而适时，这是需要不断练习的，同时也可以缓解自己内心紧张的情绪。例如，把胳膊伸向前方，手腕放松用力抖动，直到感觉累为止，而且可以重复多次。或者做做伸展运动，

双手手指交叉，翻掌向天举过头顶，尽可能伸展，挺腰，然后向前、后、左、右倾斜，直到肩、背肌肉完全放松；或把头部轻轻地按顺时针方向转动七八次，再把头按逆时针方向转相同的次数，这样各做 3 ~ 5 组，在放松头颈肌肉的同时放松情绪。

🤝 礼仪小贴士

如果在面试过程中产生紧张情绪，不要手足无措，不要考虑面试官会怎么看自己，而要花几秒或十几秒去回想自己在镜子中的样子，那样紧张的心情很快就会平复下来。

等待面试时的礼仪规范

有面试者说：等待面试的 10 分钟是最难熬的，经过了笔试的筛选、过滤，终于到了面试的环节，求职者免不了会感到紧张、焦虑，这是很正常的现象。尤其是对于那些刚刚毕业的大学生，面对这样的正常情绪可以不必太在意，只需要适当地调节好自己的心态，必定在面试时有好的表现。不过，在等待面试的这段时间里，也需要注意自己的礼仪规范，以免给人留下不好的印象。

1. 闭嘴

女孩不要和前台或是进出公司的人乱搭讪、套近乎，特别是忌讳向别人打探公司的情况，包括工资、人员状况等。因为你根本不清楚对方在公司是什么身份，有可能前台的美女就是老板的亲表妹等，胡乱打探情况只会暴露你的不良动机，后果将会很严重。

当然，除了不要乱说话外，还要记住不要多喝水。有的女孩一紧张就

会使劲喝水，要知道图一时之快，其后果是非常严重的。谁也不清楚面试时间的长短，当面试官正在说话的时候，你却抱歉地打断要去卫生间，这多少会给谈话的面试官带来不快。

2. 手不要乱动

请女孩在面试时收起自己的手机、游戏机等一切娱乐活动。你应该记住，你是来应聘的，而不是来排队吃饭、唱歌的，不要以为自己还是一个学生，从你踏进公司的大门开始，你就是一个社会人，没有谁会因为你年纪尚轻就对你网开一面，所以，请展现自己成熟的一面。

3. 管住自己的脚

女孩在等待面试时不要在别人的办公室闲逛，更不要探头探脑地打量别人的工作区域，参观公司不是你现在要做的事情，你随便的态度会引起公司员工的不满，甚至会打扰别人正常的工作。假如你随意在公司乱逛，很有可能直接被请至保安室。

4. 管住自己的眼睛

在很多情况下，面试者会被前台姑娘安排先坐一会儿，即便你的眼睛对所有的事物充满了好奇，不过请不要直勾勾地看着每一个在你面前走过的公司员工，甚至摆出一副让人觉得十分莫名的笑容，这会给别人留下不好的印象。如果你是微博控，想拍照留念，那么请克制这样的冲动，规规矩矩地等着面试，这样才是明智之举。

礼仪小贴士

女孩千万不要觉得在等待面试时是无所顾忌的，什么姿势都可以做。毕竟是在公司，来来往往的都是公司的领导或同事，一旦你有了不好的礼仪表现被人看到了，定会让你的面试大打折扣。

注意细节，给面试官留下好印象

随着现代社会经济的不断发展，许多企业招聘的步伐在不断加快，职场上的机会越来越多。不过，依然有不少年轻女孩子抱怨找工作很难，不得不继续在求职路上奔波。然而，行为心理学家却表示，不少人与好工作失之交臂的原因正是面试时缺乏经验、过分紧张、词不达意、面试中肢体语言过多而自曝其短，这些都将给面试官留下不认真、没能力、想法太多的负面印象，自然会影响你最终的面试结果。

对此，心理学家提醒各位女孩，要给面试官留下一个好印象。

1. 注意你的眼神

女孩的目光需要时刻注视着面试官，这表示你在注意听他讲话，切不可以瞪着或目光呆滞地盯着面试官，只要看着对方的眼部就行了，否则会让人感到很不舒服。假如在场的面试官不止一个，那你说话时要适当、不时地用目光扫视一下其他人，表示尊重。

2. 时而点头，时而微笑

面试官在说话的时候，女孩要积极倾听面试官的讲话，时而点头，表示自己听明白了，或正在认真听。同时也要不时地面带微笑，当然不宜笑得太僵硬。所有的肢体语言都要自然，尽可能通过你的肢体语言给对方留下深刻的印象。

3. 学会掩饰自己的不满情绪

在日常生活中的面试，有时面试官会做出一些"出格"的举动，如跷二郎腿、闭目养神等，不要觉得这是对你的不礼貌，其实这也是一种文化，有可能招聘人员很累，想休息一下；有可能他觉得招聘工作不太重要，所以很放松；有可能是他对你的心理考验，想看看你的表现。假如这时你马

上露出不满的表情，就会给面试官留下不好相处的印象。

4. 身体别乱动

心理学家建议女孩们，在面试时身体不要乱动。在面试过程中，不可仰头靠在座位背上或低着头注视着地面或东张西望；身体不可前倾后仰，或者歪向一侧；双手不要有多余的动作，更不要把双腿直接伸出去，或反复不断地抖动，这些都是缺乏教养和傲慢的表现。

5. 不要吃东西

女孩面试时不要嚼口香糖或抽烟，尽管这是最基本的礼仪，不过有的人还是记不住。例如，有的女孩会因为自我感觉良好或为了显示自己的傲气，面试时还嚼着口香糖，这是极不礼貌的。而有的人还会忍不住抽上几口，这些动作都会让你显得很不礼貌。

6. 手势不要太多

一个人手势太多会分散别人的注意力。手不要出声响，手上不要玩纸、笔，有人觉得挺麻利的，不过在正式场合不能这样，会显得很不严肃。手不要乱摸头发、胡子、耳朵，这样显得紧张，不专心交谈。当然，也不要用手捂嘴说话，这是一种紧张的表现，许多女人都有这样的习惯，需要注意克服。

礼仪小贴士

对于面试环节出现的诸多状况，应聘者的肢体语言对面试官的影响比较大。面试中的动作形体，是对一个人的初步了解，更是给面试官留下深刻印象的关键。

面试过程中的基本礼仪

女孩们，如果你要去参加一个面试，而你希望自己能够给面试官留下100分的完美印象。那么，你需要记住心理学家的话："其他人对你印象的90%都来自于你们见面的那最初4分钟，而这其中60%～80%的评价都取决于你无声的肢体语言。"

那么女孩怎么样用自己的肢体语言建立面试的美好的第一印象呢？心理学家这样支招：

1. 在前台时

假如可以的话，你应当在前台接待处脱下外套，并将它交给接待员。不要在双手都塞满东西的情况下走进面试办公室，因为这会让你看起来慌张而狼狈，给人留下一种不认真的印象。在前台时，女孩最好保持站立的姿势，绝对不要坐下。前台接待员会坚持让你坐下，一旦你真的坐下，就会从他们的视野里消失，他们也不会再想到接待你了。

在前台站立的时候，女孩应该保持双手紧握背在身后的姿势，这会让你显得自信，而且以你的脚跟为轴心，慢慢地前后摆动，这不但可以增加你的自信，而且会让你显得有克制力。你可以在等待时用尖塔形的手势，这样的肢体语言可以不断地提醒你身边的人你还在这里等着。但是，一旦你进入面试办公室，就不要摆出这样的手势，因为这个动作表示一种权威。

2. 进入公室时

女孩们，你走进办公室的方式，实际上就等于告诉了其他人你所希望的他们对待你的方式。当接待员将"可以进入"的消息告诉你之后，不要有任何的犹豫，马上走进办公室，不要像一个等待面见校长的学生一样，站在门口，踌躇着要不要进去。当你走进面试官办公室的时候，一定要保

持与之前相同的行走速度和步伐大小。通常情况下，那些缺乏信心的人会在这一刻改变步伐，迈着小步进入办公室，这就会给面试官留下一个慌乱而不自然的印象。

3. 走进办公室时

当你走进办公室的时候，面试官有可能正在做其他事情，如打电话、看文件等。但是，不论他在做什么，你都应该信心十足地以平稳的步伐，大方地走进办公室。然后，放下文件夹或任何其他手中的物品，坦然地与他握手，快速地坐下，让面试官知道你一向都是这样自信地面对任何人或事情，而且自己不喜欢等待。心理学家认为，那些行走速度缓慢，或者喜欢蹑方步的人用行动告诉周围的人：他们时间充裕，或者他们对手头的事情并无太大的兴趣，又或者他们还有其他事情要做。

4. 坐下的姿势

假如现场的实际情况让你不得不坐在一把较低的椅子上直面对方，那么你应该将椅子向左或向右转过45°，从而避免以一种对抗性的姿势与面试官"四目相对"而形成剑拔弩张的紧张气氛。如果椅子是固定的，没办法转动的，那就将你的身体转过去。

5. 就坐姿势

假如面试官邀请你在他办公室的非公区域里就座，如办公室里的咖啡桌旁，那你应该立即意识到这是一个非常有利的信号，因为职场中95%的拒绝情况都发生在办公桌前后。需要记住的是，不要坐在低矮的沙发上，任由你整个人都陷在柔软的沙发里，只留一个小脑袋和两条大长腿在沙发外。假如条件允许的话，你可以挺直腰背，坐在椅子边缘，这样一来，你就可以自如地控制肢体动作，而且轻松地将身体转动45°，侧面朝向面试官。

6. 动作姿势

沉着冷静、感情内敛的人行动时动作简单明了，举手投足间可以体现出其深思熟虑的特点。而与身份低微的普通人相比，那些位高权重的人使用的肢体动作则较少且简单。据说有这样一条经典的谈判法则：真正有决定权的人在谈判中很少开口，有的人的肢体动作更多来自肘部以下，有的人的活动范围则是整只手臂和肩膀。在适当的时候，女孩可以相应地做一些与对方一样的动作或表情。

7. 离开时的姿势

离开时，女孩冷静沉着地收拾好自己的随身物品，千万不要匆忙而慌乱，假如条件允许的话，在离开前最好与对方握手道别，然后转身走出房间。假如你进来时房间的门是关上的，那你在离开时应当随手将门关上。在你离开的时候，面试官通常会从你的身后观察你，因此，你应该确保自己的鞋后跟与鞋面一样光洁如新，其实大部分女孩通常会忽视自己的鞋后跟。当你决定离开的时候，先将脚尖移向门口那一边，并且整理好身后的衣服，梳理头发，从而让自己能够在离开的时候给面试官留下一个整洁的背影。

在面试结束某个女孩离开的时候，其他的面试官会长时间地打量她的背影，不管她愿意与否，也不管她知情与否。所以，当你走到门边的时候，最好可以慢慢地转过身去，同时面带微笑，给面试官留下一个美好的印象。

人们通常不会用肢体去进行交流，不过在面试过程中，某些动作，哪怕是很细小的动作以及一闪即逝的表情都会让你倍添光彩或黯然失色。而面试官在大部分情况下会下意识地根据应试者的非语言行为做出判断。

礼仪小贴士

所以，女孩们在面试时需要时刻注意自己的肢体语言，力求达到最完美的展示，给面试官留下美好的第一印象。

女孩面试时的礼仪禁忌

一个女孩事业的成功与否，很大一部分取决于面试的那一刻，而女孩面试的成功与否，则取决于女孩是否懂得职场中的面试礼仪。很多女性求职之所以失败，主要就是因为她们犯了一些面试时的礼仪禁忌。曾经有个伟人说，一个人求职是否成功，就在于她给人的三分钟印象，可见职场面试礼仪的重要性。

周丽终于过五关、斩六将，进入笔试后的面试，这轮面试的成功与否决定了她能否在这家大公司一展自己的抱负。

那日，她穿着事先准备好的套装，精心打扮了一番，自我感觉没有任何不妥后出门了，当她在电梯里，她又拿出镜子好好地照了一次，兴许这是她自我调节压力的一种方式。来到23层，她在面试办公室外面，等待着面试人员的传唤。

当工作人员叫到周丽的时候，她的心差点从嗓子眼儿上跳出来了。进入办公室后，领导让她坐下，然后问她："你以前是做什么的？为什么不干了？"她正准备回答，她的手提包中传来那首刘德华的歌："男人哭吧哭吧不是罪……"原来是手机响了，她抱怨自己，怎么忘了关机呢？领导的脸色一下子阴了下来，可是还是很故作认真地问了一些问题，结果留给周丽一句话："你等通知吧，我们会通知你的。"

这个通知一般都是"无期徒刑"。

本来打败众多的求职者进入面试已经很不容易了，却被意外的手机铃声坏了事，这就是面试礼仪的禁忌，面试者会认为女孩不尊重他，不重视这场面试，还有，手机铃声的响起会打断面试者的思路，因此会让面试者很反感。

女孩面试的过程可以说就是在打一场心理战，只有打赢这场战，让面试者心服口服，才能成功地闯过面试这一关，才能进入职场，跨入成功的第一步。

面试成功的经验很多，面试是否成功很大一部分取决于面试者，他们决定了求职者的命运。例如，很多面试者认为面试应该注意细节，当办公桌上的东西掉了，当求职者捡起的时候，这个求职者的面试就成功了。可是还有很多面试者认为这不是做大事的人应该关注的，于是这个求职者就失败了。但面试禁忌是这二者都赞同的，这些禁忌具体说来，可归为以下几大类。

1. 迟到、失约是面试中的大忌

迟到、失约不但会表现出女孩没有时间观念和责任感，更会令主考官觉得女孩对这份工作没有热忱，印象分自然大减。守时不但是美德，更是面试时必须做到的事。无论你学历多高、资历多深、工作经验多丰富，当面试的主考官发现女孩对申请的职位知之不多，甚至连最基本的问题也回答不好时，印象分自然大打折扣。主考官不但会觉得女孩准备不足，甚至会认为女孩根本无志于在此方面发展。所以，女孩面试前应做好充分的准备工作；切忌耍小聪明，有的女孩一入面试考场，便无拘无束，神采飞扬，处处显示高人一筹。不管主考官愿不愿意，主动上前与他们一一握手，然后四平八稳地就座；对主考官所提出的各种问题，均表现出不在话下的样子，回答问题总喜欢用"我以为""我主张"这一类字眼开头，不管对错，均夸夸其谈。本来有些问题自己确实答不上来，但自作聪明，东拉西扯地乱讲一通，宁可答跑了题，也不愿做个老实人。这样便只能以失败的结局收场。

2. 忌不良用语

"你们的待遇怎么样？"这是很多女孩关心的问题，可是切不可在面试时当着主考官的面问，这样会让对方觉得女孩是一个不负责任、只关心

钱的人，只注重自己的利益。还有很多女孩喜欢拉关系，这也是禁忌。"我认识你们单位的××""我和××是同学，关系很不错"，等等。这种话主考官听了会反感，如果主考官与你所说的那个人关系不怎么好，甚至有矛盾，那么你这话造成的结果就会更糟。

3.忌不良态度

有的女孩笔试成绩名列前茅，各方面条件也较优越，于是就恃才傲物，目空一切。面试过程中态度傲慢，说话咄咄逼人。这种女孩注定了面试的失败，因为她给人的感觉不是用人单位在考虑是否用她，好像别人已经决定了用她似的。也有女孩很冷漠，对主考官的问题不冷不淡，没有任何自己的感情，导致面试气氛一定很沉闷，回答机械呆板，这样的女孩也几乎没有面试成功的希望。

4.忌一些小动作

面试时，有些女孩喜欢做一些小动作，如喜欢嚼口香糖，或者是搔首弄姿，这破坏了自己的形象，使面试的效果大打折扣，导致面试失败。

5.忌太过暴露和时髦的装扮

面试不是走秀，更不是为了标榜自己的个性，而是要让主考官接受你，这些服装会让主考官认为女孩很轻浮或者扭捏作态，面试时的服装基本上以简约大方为准则。

以上只是一些面试中的禁忌礼仪，女孩要记住，面试时所有的言语和动作要以大方得体为根本原则，给面试者留下一个好印象。

礼仪小贴士

面试时，这些礼仪禁忌一定要改掉，并始终保持斯文有礼、不卑不亢、大方得体、生动活泼的言谈举止。这不仅可大大地提升自身的形象，而且往往使成功机会大增。

第 12 章
社交礼仪，初次见面多关照

　　社交礼仪是指人们在人际交往过程中所具备的基本素质、交际能力等。每个女孩每天不管是在生活还是工作中都要同各种人接触，在见面时给对方正确而优雅的见面礼，会给对方留下良好的第一印象，同时也显示出你优雅的气质。

女孩不能忽视的社交礼仪

女孩是社交中不可或缺的重要角色，女性进行社交活动，既是一种生活上的需要，同时也是心理上的需要。社交已经成为女孩生活的一部分，女孩可以在社交活动中学到很多知识，也可以在社交活动中获得自己的幸福。对在社交活动中扮演着举足轻重角色的女孩来说，如果能在社交生活中掌握一些礼仪，就能赢得他人的尊重，取得交际的成功。

当然，女性首先应该遵循社交活动中的礼仪原则，即真诚、尊重、同情、关怀。真诚是人与人之间交往的基础，也是实现双方之间心灵交流的一座桥梁，这也是社交礼仪中的一个十分重要的原则。只有你付出了真诚，才能让他人感受到你的诚意，也才能让他人更容易接纳你。我们生活中的每一个人都渴望得到别人的尊重，那么首先你就要学会尊重他人，只有互相尊重才会互生敬爱，才会使双方的关系更加和谐融洽。在我们身边的人，并不是每个人都事事如意，当他们处于逆境的时候，你应该诚恳关心对方，用同情心对他进行安慰，为他分担忧愁与痛苦，这会增进彼此之间的情感。

1. 与异性交往的礼仪

在现实生活中，女孩都会不可避免地与异性打交道。但是，也许是因为受中国传统思想的影响，很多女孩在与异性接触的时候，会不自然地联想到情欲性，仿佛男女之间的正常交际是一种禁忌。于是，很多女孩在与

异性相处的时候，就会有一种逃避心理，或者保持一种清高的姿态。

如何掌握好一个度？这就需要女性外在表现上，既要热情、诚恳，但又不可过于火热；既要自尊自爱，保持女性特有的矜持，又不可表现出清高、冷漠的姿态。女孩在与异性的交往中，要表现出真实的自我，而不是矫揉造作，企图哗众取宠。

2. 与同性交往的礼仪

在我们的日常生活中，除了与异性打交道，还要经常与同性交往，其实同性之间的交往也需要特别注重礼仪。但是，女人天性中的敏感、细腻使得她们在与同性交往中，逐渐演化成了挑剔、攀比，甚至嫉妒。而这很容易破坏同性之间的友谊，使本来比较融洽的关系因为攀比、嫉妒变得疏离，甚至拔刀相向。

因此，女孩在与同性相处的时候，需要多想想自己也是女性，自己身上是否也有一些缺点。当你在对她进行百般挑剔的时候，应该看看自己哪些行为也是不恰当的；当你指责对方推卸责任的时候，想想自己是否在每次事情发生后跑得比谁都快；当你在说对方小心眼的时候，想想自己是否也凡事斤斤计较。另外，当几个女孩扎堆在一起聊天的时候，尽量避免一些无意义的话题，千万不要谈论他人的隐私，或者议论各家的长短。很多时候，同性之间出现的交际危机往往是由于闲言碎语的传播。

3. 与恋人交往的礼仪

爱情是人类感情中最美好、最热情、最圣洁的一种感情，每个女孩都向往着罗曼蒂克式的爱情。其实，恋人之间的交往最终是为了增进互相的了解、培植爱情，最后成为人人羡慕的神仙眷侣。因此，女孩在与恋人交往的时候，一定要对自己的未来负责到底，既要对恋人真诚坦白，又要表现出对恋人的充分尊重。恋人之间应该敞开心扉，增进双方的了解和感情，而不是有意地掩饰和欺骗；爱一个人就要尊重他，不要因为爱他而想去改

变他的生活习惯和生活方式。爱情，只有建立在互相尊重的基础之上，才会开出绚丽的花朵。

4.女孩社交礼仪技巧

女孩在日常的社交活动中，还需要注意一些细节上的技巧：不要在众目睽睽之下与同伴耳语，这是一种很失礼的举动；无论你听到了什么，都不要在社交宴会上开怀大笑；当有人与你攀谈时，你必须保持落落大方的态度，简单回答几句即可，千万不要滔滔不绝地告诉对方你的情况或者追问对方的情况；不要在众目之下涂脂抹粉，这是很不礼貌的举动，如果你需要补妆，那么必须到洗手间或者化妆室去。

🤝 礼仪小贴士

如果你不懂得社交的礼仪，纵使你的学问再高、口才再好，也会处处碰壁，陷入人际交往的危机。因此，那些看似简单的社交礼仪，才是女孩最不应该忽视的礼仪修养组成部分。

弯身行礼，以示恭敬

"鞠躬"，意思就是弯身行礼，表示对他人敬重的一种郑重理解。它起源于中国，商代有一种祭天仪式"鞠祭"：祭品牛、羊等不切成块，而将整体弯卷成圆的鞠形，再摆到祭处奉祭，以此来表达祭祀者的恭敬与虔诚。这种习俗在一些地方一直保持到现在，人们在现实生活中，逐步沿用这种形式来表达对地位崇高者或长辈的崇敬。

鞠躬是中国、日本、韩国、朝鲜等国家传统的、普遍使用的一种礼节。如今的日本，鞠躬礼是最讲究的。所以我们在同日本人打交道时要懂得这

一礼节。对日本人来说，鞠躬的程度表达不同的意思。如弯 15 度左右，表示致谢；弯 30 度左右，表示诚恳和歉意；弯 90 度左右，表示忏悔、改过和谢罪。

日本人当面给客人鞠躬是为了礼貌服务，在客人背后深鞠躬又是为了什么呢？对此，服务员解释：既是为了这位客人，也是为了其他客人，如果这时那位客人突然回头，会对服务人员的热情欢迎留下印象，同时也给大堂里的其他客人看，即使自己转过身了，一样会受到礼遇。

1. 注意鞠躬的场合

适用于庄严肃穆或喜庆欢乐的仪式，这个礼节通常是下级向上级或同级之间、学生向老师、晚辈向长辈、服务人员向宾客表达由衷的敬意、上台演讲、演员谢幕等。

2. 鞠躬方式

一鞠躬礼适用于社交场合、演讲、谢幕等。行礼时身体上部向前倾斜 15 ~ 20 度，随即恢复原态，只做一次。三鞠躬礼，又称最敬礼。行礼时身体上部向前下弯约 90 度，然后恢复原样，如此连续三次。

3. 鞠躬的正确姿势

注目受礼者，不得斜视和环视；行礼时不可戴帽，如需脱帽，脱帽所用之手应与行礼方向相反，即向左边的人行礼时应用右手脱帽，向右边的人行礼时应用左手脱帽；在距受礼者两米左右进行；行礼时，以腰部为轴，头、肩、上身顺势向前倾 20 ~ 90 度，具体的前倾幅度还可视对受礼者的尊重程度而定；双手应在上身前倾时自然下垂放两侧，也可两手交叉相握放在体前，面带微笑，目光下垂，嘴里还可附带问候语，如"你好""早上好"等。施完礼后恢复立正姿势。

4. 回礼

通常，受礼者应以与行礼者的上身前倾幅度大致相同的鞠躬还礼，但

是，上级或长者还礼时，可以欠身点头或在欠身点头的同时伸出右手答之，不必以鞠躬还礼。

5. 礼貌鞠躬

一般情况下，鞠躬要脱帽，戴帽子鞠躬是不礼貌的。鞠躬时，眼睛应该向下看，表示一种谦恭的态度。不可以一面鞠躬一面翻起眼看对方，这样做姿态既不雅观，也不礼貌；鞠躬礼毕起身时，双目还应该有礼貌地注视对方。如果视线转移到别处，即使行了鞠躬礼，也不会让人感到诚心诚意；鞠躬时，嘴里不能吃东西或叼着香烟；上台领奖时，要先向授奖者鞠躬，以示谢意。再接奖品。然后转身面向全体与会者鞠躬行礼，以示敬意。

6. 准确运用鞠躬礼

正确认识鞠躬的度数，从小到大为 15 度、45 度、90 度鞠躬。15 度一般是运用在一般的应酬场合，如问候时、介绍、握手、让座等都可以用 15 度鞠躬礼；45 度一般是下级给上级、学生给老师、晚辈给前辈、服务人员给来宾表示的敬意；90 度属于最高的礼节。这个得慎重分场合人物来定论；鞠躬必须是站立的，如果在座位上看到了领导，客人应起立鞠躬。

🤝 礼仪小贴士

女孩需要注意，鞠躬礼在东南亚一些国家较为盛行，如日本、朝鲜等。在接待这些国家的外宾时，要行鞠躬礼，要注意三项礼仪准则：受鞠躬者应还以鞠躬礼；地位较低的人要先鞠躬；地位较低的人鞠躬要相对深一些。

当众自我介绍，令人印象深刻

当众自我介绍，是向外展现自己的一个重要手段，自我介绍好不好，

直接关系到你给对方留下的第一印象以及以后交往的顺利与否。自我介绍是极其关键的一个环节，由于"前因效应"的影响，这短短的两三分钟的自我介绍在某种程度上决定着自己在别人心目中的印象。

在社交中，通常会让我们会做一个简单的自我介绍，时间一般在两三分钟。自我介绍是一个展现自我的机会，作为女孩，要全面把握自己：需要突出自己的优点和特长，有相当的可信度，尤其是具有实际经验的要突出自己具体在哪方面有优势，最好是通过自己做过什么样的项目来验证一下；需要展示自己的个性，突出鲜明的个人形象，你可以利用老师或朋友对你的评价；需要用事实说话，不能太夸张，少用虚词、感叹词。

1. 主动和被动的自我介绍

在日常交际中，如果想认识某个人或在无人引见的情况下，可以自己主动介绍，这种是主动型自我介绍。如果应其他人的要求，将自己某些方面的具体情况进行介绍，就是被动型的自我介绍。

2. 注意自我介绍的时机

与不相识者相处一室，不相识者对自己很有兴趣；他人请求自己做自我介绍；在聚会上与身边的陌生人共处；打算介入陌生人组成的交际圈；求助的对象对自己不甚了解，或一无所知；前往陌生单位进行业务联系时；在旅途中与他人不期而遇而又有必要与人接触；初次登门拜访不相识的人，等等，这些情况都有必要进行自我介绍。

3. 选择合适的自我介绍方式

应酬式的自我介绍，这种自我介绍的方式最简洁，往往只包括姓名一项即可。如"您好！我叫菲菲。"它适合于一些公共场合和一般性的社交场合，如途中邂逅、宴会现场、舞会、通电话时。它的对象，主要是一般接触的交往人。

工作式的自我介绍。工作式的自我介绍的内容，包括本人姓、供职的

单位以及部门、担负职务或从事的具体工作三项。比如"我叫唐鑫，是首度文化传媒有限公司的编辑"。

交流式的自我介绍。也叫社交式的自我介绍或沟通式的自我介绍，是一种刻意寻求交往对象进一步交流的沟通，希望对方认识自己、了解自己、与自己建立联系的自我介绍，包括本人的姓名、工作、籍贯、学历、兴趣以及与交往对象的某些熟人的关系等。

礼仪式的自我介绍。这是一种表示对交往对象友好、敬意的自我介绍。适用于讲座、报告、演出、庆典、仪式等正规的场合。内容包括姓名、单位、职务等项，可适当加入一些适当的谦辞、敬语，以示自己尊敬交往对象。

问答式的自我介绍。针对对方提出的问题，做出自己的回答。这种方式适用于应试、应聘和公务交往。

4.掌握分寸

进行自我介绍通常以半分钟左右为佳，如无特殊情况最好不要长于1分钟，且在适当的时间进行，比如对方有兴趣、有空闲、情绪好、干扰少、有要求之时，如果对方兴趣不高、工作很忙、干扰较大、心情不好、没有要求、休息用餐或正忙于其他交际之时，则不太适合进行自我介绍。

女孩进行自我介绍时态度要保持自然、友善、亲切、随和，整体上讲求落落大方，笑容可掬，充满信心和勇气，语气自然，一定要实事求是、真实可信。

礼仪小贴士

除此之外，在进行自我介绍时需要符合常规，符合逻辑，讲话内容层次分明，重点突出，逐渐展现自己的优势，而不是一上来就罗列自己的优点。

轻松自然地介绍他人

向第三者介绍引见你的朋友是一项最基本的社交技能，我们都有为不相识者彼此引见的义务，为他人做介绍要注意以下几点。

1. 注意被介绍者的先后顺序

社交礼仪认为尊者有权先了解情况。因此应先向女士介绍男士、向长辈介绍晚辈、向上级介绍下级、向主人介绍客人、向迟到者介绍早到者。另外，根据约定俗成的惯例，应先把熟悉的人介绍给不熟悉的人，把未婚者介绍给已婚者，把家人介绍给同事、朋友。然后，颠倒过来介绍对方。

2. 介绍内容

介绍内容应包括对方的名字、供职的单位、具体部门、职务所从事的具体工作等，如果希望双方建立比较密切的关系，还可以详细介绍一番，如被介绍人和你的关系，被介绍人的籍贯、大学、兴趣和对方相同等，为双方创造可以引起共鸣的"话题"。如"这是华硕的业务经理王某某，说来他还是你的同乡呢，都是河北人，要不要'两眼泪汪汪'地拥抱一下？"或者"这位是……他和你一样，平时也特喜欢摄影，还经常出去采景呢，交换一下名片吧"。

3. 介绍的形式

在不同的场合，为达到不同的目的，介绍他人认识，也有不同的形式，一般分为以下几种。

（1）简介式

一般场合，只介绍双方姓名甚至只提到双方姓氏，接下来，就由被介绍者见机行事。如"我来介绍一下，这位是张教授，这位是刘教授，你们认识一下吧"。

（2）标准式

适用于正式社交场合，内容完备详细。如"我来为两位引见一下。这位是天时音像公司公关部刘玲小姐，这位是华夏文化传播有限公司总经理林大力先生"。

（3）强调式

除了介绍内容外，还会刻意强调被介绍者与介绍者的特殊关系，以引起对方的重视。如"这位是我的大学同学兼好朋友刘洋，请您多关照一下"。

（4）引见式

在普通的社交场合，如果有多位被介绍者需要引见时，不方便一一介绍，只要把双方引见到一起即可。比如，在一次商务会谈上，主人只要这样说就足够了，"这是华文文具公司的朋友们，是我们最近的合作伙伴，大家相互认识一下吧"。

（5）推荐式

适用于比较正规的场合，介绍者应经过精心准备，目的是将某人举荐给某人，介绍时通常会对前者的优点加以重点介绍。如"这位是肖飞先生，他是一位出色的外观设计人才，对企业管理很有研究，还是经济学博士。杜总，你们细谈吧！"

4. 介绍时应注意的问题

为他人介绍时，一定要先打声招呼，如"我为你们引见一下""我介绍一下啊——"让对方做好准备再开始；一定要将被介绍者双方的姓名说清楚，必要时解释一下，"这位是章琳小姐，立早章……"；多介绍一些相关资料，一定要介绍对方的职务或头衔，因为用名字称呼人在社交场合是不适宜的；向一群人介绍一个人时，最好能说明他和介绍人的关系。

引见他人没有固定的形式，不要过于担心，只要保持轻松自然，并尊重双方就可以了。

礼仪小贴士

女孩在为他人介绍时，首先要了解双方是否有结识的愿望；其次要遵循介绍的规则；最后在介绍彼此的姓名、工作单位时，要为双方找一些共同的谈话材料，如双方的共同爱好、共同经历或相互感兴趣的话题。

记住朋友微不足道的小事

既是朋友，彼此之间肯定会有一些小秘密，诸如某年某月某日，一起去某地方度过了愉快的一天，另外，还包括朋友的生日、朋友喜欢的东西、朋友喜欢吃的食物，等等。这些都是朋友之间的秘密，同时，也是维系朋友之间的纽带。如果你连朋友最爱吃的是什么都不知道，那么，想必你这个朋友并不太"上道"，如果被朋友无意间知道了你的大意，那么，朋友肯定会对此感到非常失望。

每个人都希望自己能在他人心中占据一定的份量，即便朋友也是如此，千万不要认为只是朋友，就没有必要记住关于他的一些事情。恰恰相反，如果你想延续一段较为长久的友谊，则应该努力记住所有关于朋友的小事。尤其是小事，事情越小，你记得越清楚，就足以证明朋友在你心中的位置越重要。相反，如果你连最简单的事情都没能记住，那么，朋友心里肯定会很受伤，觉得你并不在乎这段友谊，而彼此之间的关系也会逐渐疏远。所以，要想打动朋友的心，那就要让朋友觉得他在你眼里很重要，而比较恰当的方法就是：努力记住所有关于朋友的趣味小事。

小王的朋友很多，更令人感到奇怪的是，他好像与每个朋友的关系都极为密切。对此，有人好奇地问道："你是如何打动朋友心的？"小王笑

179

呵呵地说："其实，秘诀很简单，我总是努力地去记住关于他们的一些小事，比如很久前的一天我们一起去餐馆吃了一顿大餐，去年夏天我们一起旅行了，前年冬天他送了我一件特别的礼物。可能我并不知道朋友家的具体住址，但是，我能记住这些事情，那就表明他在我心里的位置很重要，自然而然地，就打动朋友了，彼此的关系也就更深了。"虽然，小王的话有些匪夷所思，但是，他确是用自己的亲身经历证明了朋友之间相处的真正秘诀。

这天，小王遇到了三年不见的老朋友，一见面，彼此就寒暄，小王脱口而出："好久不见了，老朋友，记得三年前，我们可就是在这座城市分别的，你走的那一天，我准备来送你的，没想等我赶到了机场，你早就走了。这一别，却在三年后的今天相见了，真是岁月匆匆啊。"那位朋友本来还觉得彼此有些生疏，但一听这话，心里感觉暖暖的，话语里也亲近了不少："你还是这样，记性真好，很多小事情都记得清清楚楚的。"小王有些得意起来："那当然了，我记得你最喜欢看世界杯了，读书那会儿，你翘课整整三天，就为了看那世界杯，去年冬天，你还打电话通知我看世界杯呢……"几句话一说，两人顿时找到了当年那种亲密的感觉。

小王通过记住关于朋友的一些小事，以此来拉近朋友之间的距离，同时，让朋友感觉到自己在对方心中其实占据着很重的位置。努力记住所有关于朋友的小事，虽然，这听上去很简单，但是，真正做起来却是一件不容易的事。毕竟，我们不仅要去记住那些小事，而且要用心记，如果你只是马虎了事，那难免会张冠李戴，朋友听了心中自然会觉得失望，彼此的关系也会疏远了不少。

1. 记得的事情越小，越有价值

事情越小，才越有价值，当你在朋友惊诧的目光中回忆起那件小事，他一定会忍不住惊叹："这么小的事情，你还记得，这么多年过去了，我

早已经忘记了。"他会这样说，其实也就是心中洋溢着兴奋之情，没有多少人能用心来记住别人的事情，你记住了，那就向对方表明你心中一直挂念着这位朋友，如此，就能顺利打动朋友的心。

2. 记住的是朋友的"好事"

朱元璋当了皇帝之后，一位旧时朋友来巴结，当他讲了一些曾经的趣事之后，却没想到朱元璋勃然大怒，不顾旧时情谊，将那位朋友赶了出去。原来，朋友所讲的是朱元璋之前丢脸的事，自然，这样的"用心"根本不讨好，反而害了自己。

礼仪小贴士

因此，关于朋友的事情，女孩要多记住好事，比如让朋友脸上有光的事，还有就是能证明彼此感情的小事，这样，我们才能真正地走进朋友的心里，达到增进感情的目的。

第 13 章
家庭礼仪，亲切随和乖乖女

　　人的社会化起始于家庭，人的文明礼貌养成也必然从家庭开始。每个家庭都要重视构建家庭礼仪文化，使家庭成员在礼仪文化的熏陶中，成为懂礼貌、有教养的人。作为年轻女孩，更应懂得家庭礼仪，成为亲切随和的"乖乖女"。

百善孝为先，尊敬父母

女孩对自己所爱的男人常常是甜言蜜语、呵护有加，往往忽视了对老人的关爱。其实，与年轻人相比，老人的孤独感更为严重，这尤其表现在空巢老人身上。有的老人虽有子女在身边，但是年轻人常常忙于自己的工作和生活，对老人无暇过问，这难免使得老人孤独寂寞。年轻女孩要关爱长辈，对老人多说几句贴心话，温暖老人的心，让老人享受到快乐和幸福。

为了打造老人的幸福晚年，女孩要考虑到老人的精神生活。除了让老人拥有足够的物质生活，还要想方设法调节老人的心情，让老人保持愉悦的心情。这就需要女孩多费心思，在老人面前，多说温暖的话，了解老人的需求。而在现实生活中，我们经常会发现，一些女孩为了孝敬老人，给老人购买了很多健康文化用品，这对爱好休闲娱乐的老人来说，不啻于一种幸福。但是，这些毕竟都是娱乐用品，不能完全满足老人的需求。如果身边没有亲情的陪伴，老人会感觉到生活中缺少些什么。所以，女孩要延长和老人的相处时间，那样老人就不会感觉到孤独无助。

然而，女孩由于性格倔强、脾气暴躁，和老人说话时恶声恶气，这不仅不能让老人感觉到温暖，还可能把老人气出病来。此时，女孩再为自己的话语后悔，也无济于事。因此，女孩和老人说话要注意方式，言语不能过重，让老人经受得起，不要纵容自己在老人面前大发脾气或者对老人有

意见而言语粗俗，那样就会被人认为不通情理。女孩要懂得礼仪，对待为儿女操劳了一辈子的老人，说话要和气可亲，让他们感受到家庭的温暖，感受到后代的关怀。

艳丽和陈旭相爱后，陈旭对她非常好，常带着她外出度周末，两个人玩得很开心。每次回到家，陈旭的父母就做好了饭菜等他们吃饭。艳丽吃饭时常常兴高采烈，把和陈旭在外面遇到的一些新鲜事情讲给他们听。陈旭的父母没有外出的机会，即使偶尔出去，也是在家附近散散步，听着艳丽讲的趣事，感觉很快乐。

然而，没过多长时间，艳丽就发现，叔叔阿姨的脸上不再挂满笑容，有时对艳丽讲的事情表现很麻木。艳丽以为他们生病了，就仔细地询问原因。原以为艳丽和陈旭只顾自己玩耍，不会过问自己的事情，现在听到艳丽关切的话语，陈旭的父母非常高兴，心里也暖洋洋的，就把自己参加老年健身运动的想法告诉了艳丽。

艳丽忙和陈旭商量，为他们购买了健身服装和日常用品，看到艳丽这么尽心，陈旭的父母逢人只夸自己的未来儿媳好。艳丽没想到自己的举手之劳、几句体贴的话语，竟然能得到叔叔阿姨发自内心的赞扬，心里也由衷地高兴。

事例中的艳丽，关切地询问陈旭父母不高兴的原因，在明白了他们的心思后，几句贴心的话就温暖了他们的心。在为他们购买了健身服装之后，陈旭父母对她更是赞不绝口。

关爱长辈，孝敬老人，对老人说几句贴心话，不但能够温暖老人的心，而且可以使自己和长辈的关系更和谐。生活中不懂得关爱老人，只顾自己享受，和老人说话粗声大气、恶声恶语的女孩，不会得到老人的喜爱，还会受到别人的指责。

1. 主动关心父母

在家里主动关心父母，当父母生病的时候，在断药送水的同时，要时时加以劝慰的问候，过新年和母亲节、父亲节，要向父母问候和祝福。

2. 听从父母的教诲

女孩要听从父母的教诲，孝和顺总是相互联系的，没有顺也就没有孝，孝敬长辈就应该听长辈的教诲，不要随意顶撞长辈，有不同想法应和父母商量，要讲道理。

3. 关心父母健康

当父母劳累时，女孩应主动请父母休息；当父母生病时，要主动照顾、煎药、喂药、嘘寒问暖。多说宽慰话和随同就医，对父母的病痛要体贴入微，讲话态度、语调、方式都要亲切和蔼，尽量在精神上消除父母的痛苦和不安。

4. 理解父母

父母年纪大，说话比较啰唆，有些事情翻来覆去地要说好几遍，女孩应该充分理解这种生理现象，而不应该厌烦嫌父母啰唆，不应该粗暴地打断父母的絮语，更不能对他们的唠叨不理不睬。

5. 为父母分忧

孝敬父母就应该严格要求自己，体谅父母的艰辛，为父母分忧解难，尽量少让父母为自己操心，自己要刻苦学习，努力求知，让父母少为自己的学习担心，应当照顾好自己。离家外出时要注意安全，主动向父母汇报情况，有孝心的孩子要有礼貌，在父母面前不能无大无小，不给父母增加任何的额外负担。

6. 多做家务活动

父母养育了你，你就应该多做事，这是每个晚辈都必须做到的，家里的事也就是自己的事，家里的事要主动干，更不能去强调父母自己的事情

自己干。

7. 不给父母添乱

不给父母添乱，懂事的女孩不给父母增加麻烦，更不能让父母为自己操心、担心，更不能让父母弥补自己在社会上造成的过失。

8. 注意态度

女孩照顾父母时应注意态度，父母年纪大了，动作缓慢，走动不便，要给予特殊的照顾，给他们盛饭夹菜，有空多陪他们说话解闷，买他们喜欢吃的食品，对父母要孝顺体贴，言辞温婉，不顶撞父母，遇事要与父母商量，即便受了委屈也要心平气和地解释，而不要与父母为敌。

9. 家庭礼节

女孩进父母房间要敲门，经过允许才能进入，不能随意翻动父母的私人物品，外出或回家要打招呼，出门必须告知去向，回家必须面见父母，父母召唤，应马上答应并前去承命。

10. 体谅父母

女孩要宽厚待人，包括自己的父母，当自己受到父母的错怪时，当自己的要求遭到父母的否定和拒绝时，应冷静想一想，理解父母，体谅父母，受到父母惩罚时，态度要端正，不要顶撞、争辩、赌气、使性子。想想自己的要求是否合理，假如使父母为难，这就是你的不对。

礼仪小贴士

女孩对老人说话言语柔和，在温暖老人的心的同时，也能排除老人的寂寞。特别是忙于工作的女孩，要注意对老人的关爱，让老人幸福地度过晚年。

跨越代沟，与父母平和沟通

"我们大了，父母老了"如果在平时不加强和爸妈的交流，会发现和他们越来越远。尤其是女孩，一旦到另一个家庭生活，很少再有和爸妈说"知心话""悄悄话"的机会。再者，随着年龄的增大，父母与子女间的代沟会越来越严重，不仅思想观念不一致，说不定语言沟通也会出现障碍，怎样跨越代沟和父母平和地沟通和交流？怎样和爸妈好好聊聊，保持融洽、亲密的家庭关系？

1. 尊重父母的想法

因为年龄的差异和成长环境的不同，父母和儿女之间出现代沟是不可避免的，不要试图遮掩或无视这一点，那只会让你们的沟通更不顺利。代沟不可避免，但并非不可逾越，你也许无法理解父母的某些想法和观念，但起码要做到尊重他们的想法，不能辩驳，不妨细心倾听，听听他们怎么解释自己的看法，也许比你自己的更通透一些呢！虽然更可能不符合现状一些。

2. 沟通过程要慢一点，有耐心点

老年人的记忆力会越来越差，本来跟他说过的事情，不久就会忘掉。遇到重要的事情，多和父母说几遍，给他们留下深刻的印象，慢慢来，让他们一点一点地消化，这样才能达到你想要的效果。妈妈也许会很唠叨，很罗唆，总是喋喋不休地把不适合你的经验灌输给你，这是父母对你的爱，他们认为比你有更多的生活阅历，有必要传授给你，也许有点跟不上时代。这时一定要耐心听父母讲话，认真对待他们，才能让爸妈感觉欣慰。

3. 避免使用复杂和时髦的语言

当你要向一位长辈传递你的想法或意见时，不要运用复杂的话语，他

们可能听不懂或不能理解。父母与我们相隔了 20 多年，知识层次和形势环境都有很大差距，现下的流行语、过于复杂的话语，他们往往理解不了。在不影响自己的思想表达之下，用语一定要越简单明了越好。

4. 不要有成见

女孩往往认为父母思想过于保守了，观念落后了，而不愿接受他们的影响，不愿与之沟通。一旦发生沟通障碍或争执，往往归咎于父母"老"了。其实应该多和父母交流，听听父母到底是怎样想的，不要认为自己就一定高明，女孩应学会主动和父母平和地沟通，并在同"人生博物馆"似的老年人的"精神交往"中增长才智，提高精神品位，增加人生经验。

5. 多和父母进行一些共同活动

多和父母一起参加某些活动，如一起看电视、电影、戏剧，一道听广播、录音，一同参观展览、游览名胜，一块儿阅读书报、欣赏作品。多了共同的经历，就能有共同的话题，老人丰富的阅历，晚辈创新的观点，往往能够相互启发、相得益彰，使你获益良多。

6 意见有分歧要技巧沟通

父母和自己的意见产生分歧，要能够彼此理解和体贴，尽量避免直接冲突。

礼仪小贴士

随着年龄的增长，女孩发现父母不再像小时候那样无所不能了。当与父母之间产生较大差异时，应客观地看待自己与父母的差别，从内心尊重父母，接受父母正确、合理的意见建议。妥善处理尊重、孝敬父母与帮助父母的关系。

如何与继父继母相处

随着现在的离婚率越来越高，再婚的家庭也越来越多，自然许多人都要面临如何与继父或继母相处的问题，对父母来说，不管如何都会担心你不是亲生的，而且又是再婚，会有一点隔阂。这时候，女孩应如何应对这种情况呢？

菲菲去年母亲因车祸去世，今年父亲打算再娶。父亲再婚的时候，菲菲正在国外出差，父亲给她打电话，让她回来参加婚礼。

尽管菲菲比较思念母亲，但是对于父亲再娶这件事，她是完全支持的。自己已经工作，对于以后好好相处的方式，菲菲也有自己的考虑。

女孩在跟继父或继母相处的时候，需要注意些什么呢？首先是尊重。要尊重这个人，接纳他（她）的身份。其次是善待。除了善待之外，还要学会关心他（她）。最重要的一点，要保持距离。因为毕竟不是亲生父母，保持距离是为了减轻内心焦虑，和继父或继母过度紧密会出现更大的麻烦，保持一定的距离很重要。总之，善待他（她），关心他（她），知道分寸，明白他们和亲生父母不一样。

其实作为子女，我们能做的就是尊重父母的选择，而且如果我们以后有了另一半也是希望得到父母的尊重，道理是一样的。以下是女孩与继父或继母相处要注意的几点。

1. 热情称呼

要热情地叫"爸爸"或"妈妈"：有的子女，对继父或继母，不叫"爸爸"或"妈妈"，特别是年龄稍大一点的子女，总觉难于启齿，这样做是十分不恰当的。不管是继父或者继母，在法律上他（她）已有了做所有子女父母的义务和权利，也就是说，不管你叫不叫他（她）爸（妈），他（她）

作为你的爸（妈）已成事实，面对如此的现实，做儿女的不正视和承认这样的现实，是不明智的。我们绝不要小看这一声"爸爸"或"妈妈"，它体现了互相的理解和承认，标志着相互间的地位和关系，也是感情沟通的重要手段。

2. 信任继父继母

有的子女，对继父或继母总存有戒心，有事背着继父或继母，有心里话不向继父或继母说，这样做，便会冷了继父或继母的心，他（她）看到你这样做，心里会很不是滋味。他（她）透过这些事情，看出你对他（她）的不信任，那么遇到心眼窄的，他（她）很可能会生气甚至冷待你。作为一个家庭，家庭成员之间很需要诚实相待、互相信任、以心换心。

3. 尊敬他们

任何人都需要尊敬，尤其是做继父或继母的，他（她）更需要儿女的敬重；作为儿女，对继父或继母从思想上要端正认识，要把继父或继母同亲生爹娘一样对待，有事多商量，对继父或继母安排的事情要愉快接受，各方面表现要多顺从一些，特别是在对外场合和当着外人时，对继父或继母应更尊重些，使他（她）感到你就像亲生儿女一样。要记住，跟别人说起继父或继母时，要多讲他（她）待你如何好，少讲那些不愉快的事情。

4. 细微之处见深情

做儿女的，不要被动地接受继父或继母的爱和体贴，要注意感情的双向交流；在一些小的事情上，要想到继父或继母，如继父或继母病了，你要给他（她）请医熬药，他（她）要外出了，你要帮助准备行装，他（她）的生日到了，你要送点纪念品；冬天到了，你要问问他（她）需要买点什么保暖品，夏天来了，早给他（买）扇子驱蚊器等，细微之处见深情，他（她）看到了你的一片心意，肯定会加倍地体贴、关心你。

礼仪小贴士

虽然再婚的不是亲生父母，可是我相信他们还是疼爱你的，哪怕你不能像对亲生父母一样对他们，也应该对他们抱以尊重、礼貌、孝顺。

尊重异父或异母的孩子

对于重组家庭，同父异母或同母异父，这种现象在现代社会并不少见。对女孩来说，生活在这样的家庭里，就十分需要做到礼貌待人、体谅他人和尊重他人，尤其是对于异父异母的孩子，更需要有足够的尊重。

杨珊和吴东是一对重新组合的夫妻，杨珊带着一个儿子，吴东带着一个儿子和一个女儿，生活在同一屋檐下的姐弟仨，尽管血缘各异，不是同父异母就是同母异父，年龄层次也不尽不同，但他们却能做到互相体谅和互相尊重，相处得犹如亲生的兄弟姐妹一般。当然，由于这三个孩子生长环境的迥异，使他们有着迥然的个性和爱好，所以争执在所难免，但可贵的是他们总能和好如初。

正所谓"己所不欲，勿施于人"。这是与异父或异母的孩子友好相处的最好办法。这样女孩就会善于尊重他人，同时受到他人的尊重。当所有的家庭成员都为实现家庭和睦而贡献力量时，成员之间友好相处的目标就能实现。

妍妍有一个同父异母的姐姐，那是继父的女儿，而妍妍在姐姐9岁时出生。

妍妍上小学才知道姐姐跟自己不是一个妈妈，但她一直很喜欢姐姐，从小到大回到家第一件事就是找姐姐，姐姐会带她做游戏、买零食，甚至

背着她去后山看油菜花，姐姐对妍妍而言，是一个温情的家人。

对女孩而言，重组家庭是不容易相处的。在这种时候，就十分需要做到礼貌待人、体谅他人和进行情感交流。

1. 接受重组家庭的事实

尽管难以接受，也要努力接受原来的家庭已经改变的事实。同异父或异母的孩子交流，告诉他们发生在自己生活中的事情，并关心他们的生活。

2. 表露善意

在日常相处过程中，女孩需表达对他们的喜爱之情，愿意听他们说话。把家庭习惯告诉他们，以及自己可以在使用卧室、浴室和看电视等方面做出什么样的让步。

3. 礼貌待人

女孩在与他们交往时要像所有兄弟姐妹之间的交往一样有礼貌，比如在进入他人的卧室时先敲门，得到允许后再进去，借用物品需征得对方的同意，用善意的语调说话。

4. 禁忌行为

别自己窝在房间里，锁上门，把异父或异母的孩子拒之门外；别不把异父或异母的孩子的朋友放在眼里，更不能装作异父或异母的孩子不存在。

礼仪小贴士

当然，尊重异父或异母的孩子，同时受到他们的尊重，这并非太容易的事情。在日常家庭生活中，女孩进行适当让步和遵循礼尚往来会起到一定的帮助作用。

尊重父母关于择偶的意见

女儿谈恋爱了，父母担心了：找的什么样的男人？靠得住吗？女儿带着男朋友回家了，见了若是满意了，没有话说，直接可以结婚了。但大部分父母对于女儿领回家的男朋友通常是颇有微词的，他们总会以自己的眼光来审视这位女儿眼中的"好男人"。这时父母单就择偶的话题，对女儿提出一些建议，女儿的反应往往是强烈的，就好像自己玩耍的玩具被人欺负一样。虽然，女儿希望父母能尊重自己的决定，与此同时，作为女儿也需要听从父母的建议。

父母毕竟是父母，他们走过的桥比我们走过的路还多，在他们长达几十年的人生中，什么样的人没见过，他们看人是相当准的。所以，在挑选男人的事情上，父母的建议往往是最为宝贵的，因为父母的爱是最无私的，他们建议的出发点完全是为了你。

尚未进入婚姻殿堂的女人往往是单纯的，在爱情盲目的引导下，很容易选错人，嫁错郎，父母作为女儿的引路者，有责任为女儿把关，有责任为女儿的幸福操心。所以，请理解父母的一片苦心，将他们宝贵的建议细细听来，再确定自己的选择。

1. 当局者迷，旁观者清

女儿挑选男人，为什么说父母的建议是最宝贵的呢？那是因为当一个女人陷入热恋之中，她通常眼里所能见到的只是那个男人，再也看不到别的人，再也听不到父母的劝说。不管父母怎么劝说，她只相信自己的眼光，相信自己会幸福。

所谓"当局者迷，旁观者清"。其实，孩子，在这个世界上，没有任何一件事情是可以被保证的，父母不能，你也不能，父母所给予的建议是

他们以过来人的身份提出的意见，他们的本意当然是希望你能幸福，并不会成为你幸福婚姻的绊脚石。

2. 父母的话只是建议

当然，父母的话只是建议，并不是圣旨，你不需要一一遵守，但起码需要好好地理解之后再决定自己的人生大事。你可以反驳说父母的话不一定有道理，但那些确实是他们走过这么多年总结下来的，自然有其高明之处。如果你总是违逆父母的话，跟父母对着干，到最后吃亏的是你自己，你不仅输掉了幸福，同时也伤害了亲人。所以，仔细思量父母给出的宝贵意见，这对于你的爱情、婚姻是很有帮助的。

礼仪小贴士

现代社会，婚姻已经完全自由，父母包办的婚姻早已经不存在了，如果父母对你所挑选的男人有所挑剔，请注意，他们并不是想阻碍你的幸福，而是想让你过得更幸福。

请别再对父母发脾气了

从什么时候开始，我们对父母的态度变得如此不耐烦。小女孩时和父母睡在同一张床上，受了委屈就趴在妈妈怀里哭诉；长大后父亲手把手教骑自行车，一直手把着车后座不敢松手，担心你被摔着。成年后，远离家庭去了另一座城市，一年才回家两三次，开始有了自己的私人空间。但在这时，我们把最好的脾气给了别人，却把最坏的情绪留给了父母。

姗姗在办公室接到妈妈的电话，大概是询问怎么用微信转账，结果解释了几遍怎么操作，妈妈依然不会弄。姗姗一着急，大声说道："哎呀，

你别弄了，一会儿再转吧，我现在忙着呢！我先挂了。"

其实，姗姗平日里在公司人缘很好，人又勤快又随和，情商很高，平时挂在嘴边的总是谦虚言语："谢谢啦！你人真好！""区区小事，何足挂齿嘛。"

尽管姗姗平日里对身边人的彬彬有礼，但在电话里却对母亲大声说话，且带着一种不耐烦的语气。小时候父母教会我们说每一个字、做每一件事都重复上千遍，却从来没有厌烦过。那么，当父母问你怎么使用智能手机时别抱怨，因为他们曾经教会你如何使用勺子。

1. 别对父母期望太高

很多时候，我们并没有意识到自己对亲人期望过高，反而对别人更有耐心，更不容易发脾气。假设条件是，别人是不了解我们的，要取得别人的了解和配合是需要充分沟通的。但面对父母，我们的耐心很有限，认为他们应该是最了解、最支持我们的。尽管亲近的人会互相理解和支持，不过家人并非在一切事情上都可以对我们有充分的理解。一旦遇到什么事情，才有这样的想法：别人不理解就算了，怎么你也不理解我呢？别人不懂得我就罢了，怎么你也不懂得我呢？

2. 面对父母的要求和期望，别太有压力

相对于不相干的人来说，面对亲人提出的要求和期望，我们感受到的压力更大。这是因为我们心里更在乎他们，不希望他们不开心。所以当意识到亲人期望的时候，自己如果做不到就产生了让他们不开心的风险。如果他们不开心，自己也不会开心。父母的不理解会让他们无法更深入地沟通，所以问题还是没有解决，反而越积越深，彼此之间就越加频繁地爆发，形成恶性循环。所以，即便面对父母的要求和期望，也别太有压力。

3. 别在家中肆虐发脾气

家庭是一个相对完全包容的环境，女孩在外面遭受委屈或承受压力，

没办法发泄出来，只好将坏脾气发泄在家里。但这种情绪宣泄是通过非秩序沟通实现的，重压之下的女孩忘记了如何好好沟通，在宣泄过程中对家人使用嘲讽、歪曲、夸大、贬低、晦暗等语言。最后自己压力得到释放，但却给父母带来伤害。如果家人对这样的伤害进行反弹，家庭的冲突就会愈演愈烈。

礼仪小贴士

女孩，请收起你的那些糟糕情绪，别让父母在你面前变得小心翼翼。也请对自己的父母多一点耐心，把行万里路看到的诗和远方以及动人的故事讲给他们听。

参考文献

[1] 梅子. 给女孩的第一本礼仪书 [M]. 哈尔滨: 黑龙江科学技术出版社, 2010.

[2] 乔丹·克里斯蒂. 像赫本那样做女孩 [M]. 桂林: 漓江出版社, 2010.

[3] 孙朦. 送给 20 多岁女孩的第一本礼仪书 [M]. 北京: 北京工业大学出版社, 2012.

[4] 何佩嵘. 生而优雅: 淑媛礼仪 [M]. 北京: 中信出版社, 2016.